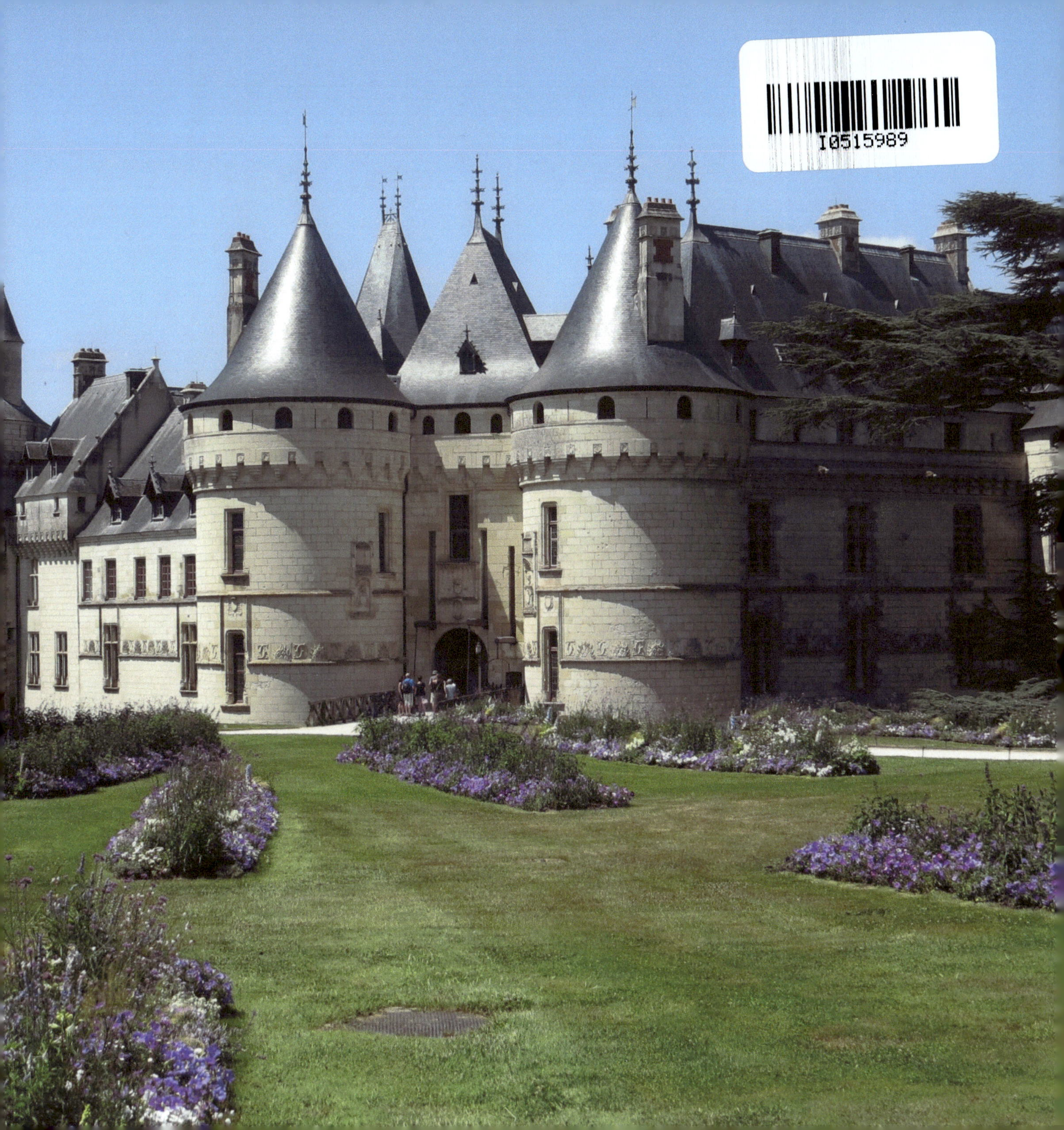

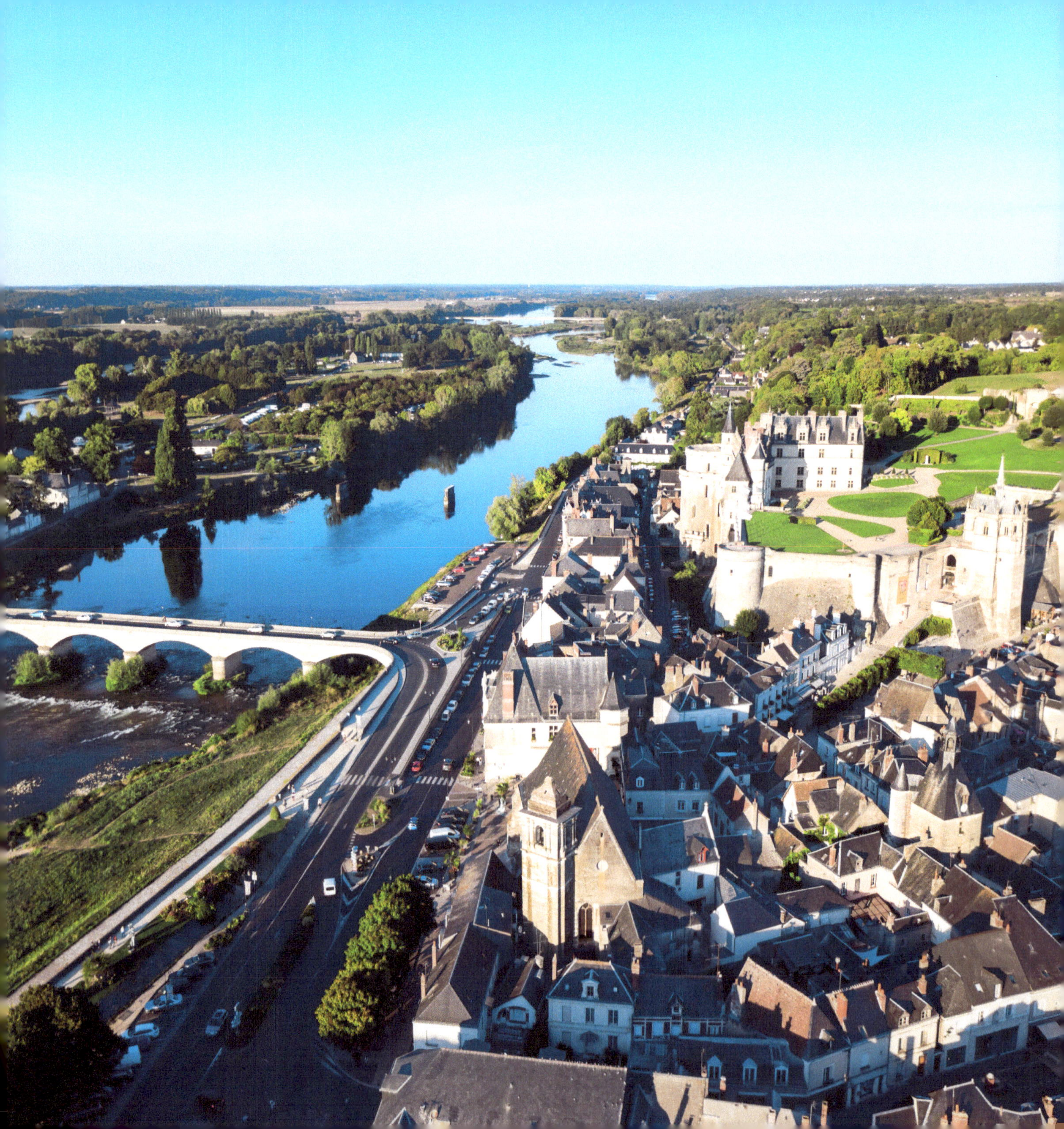

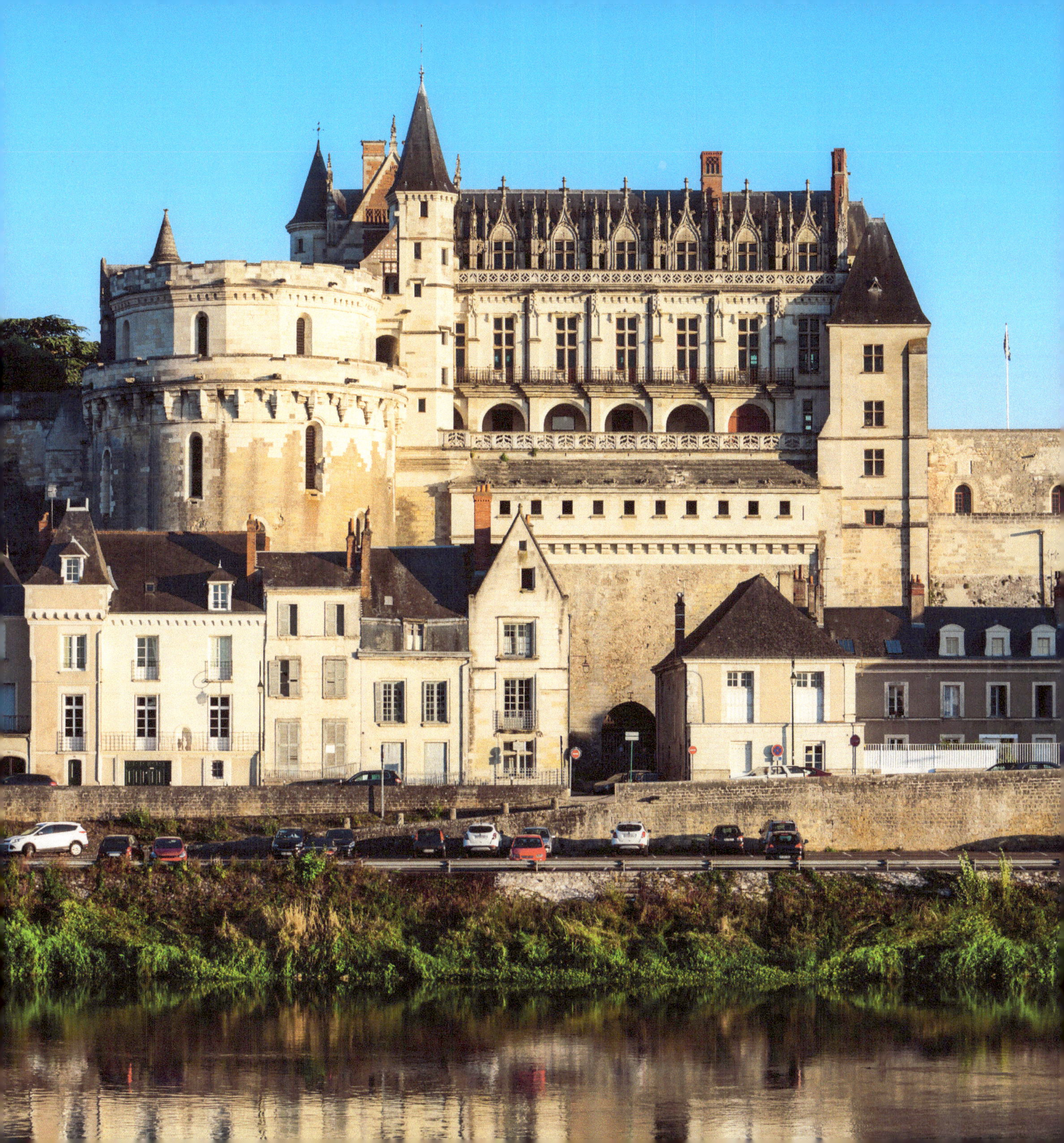

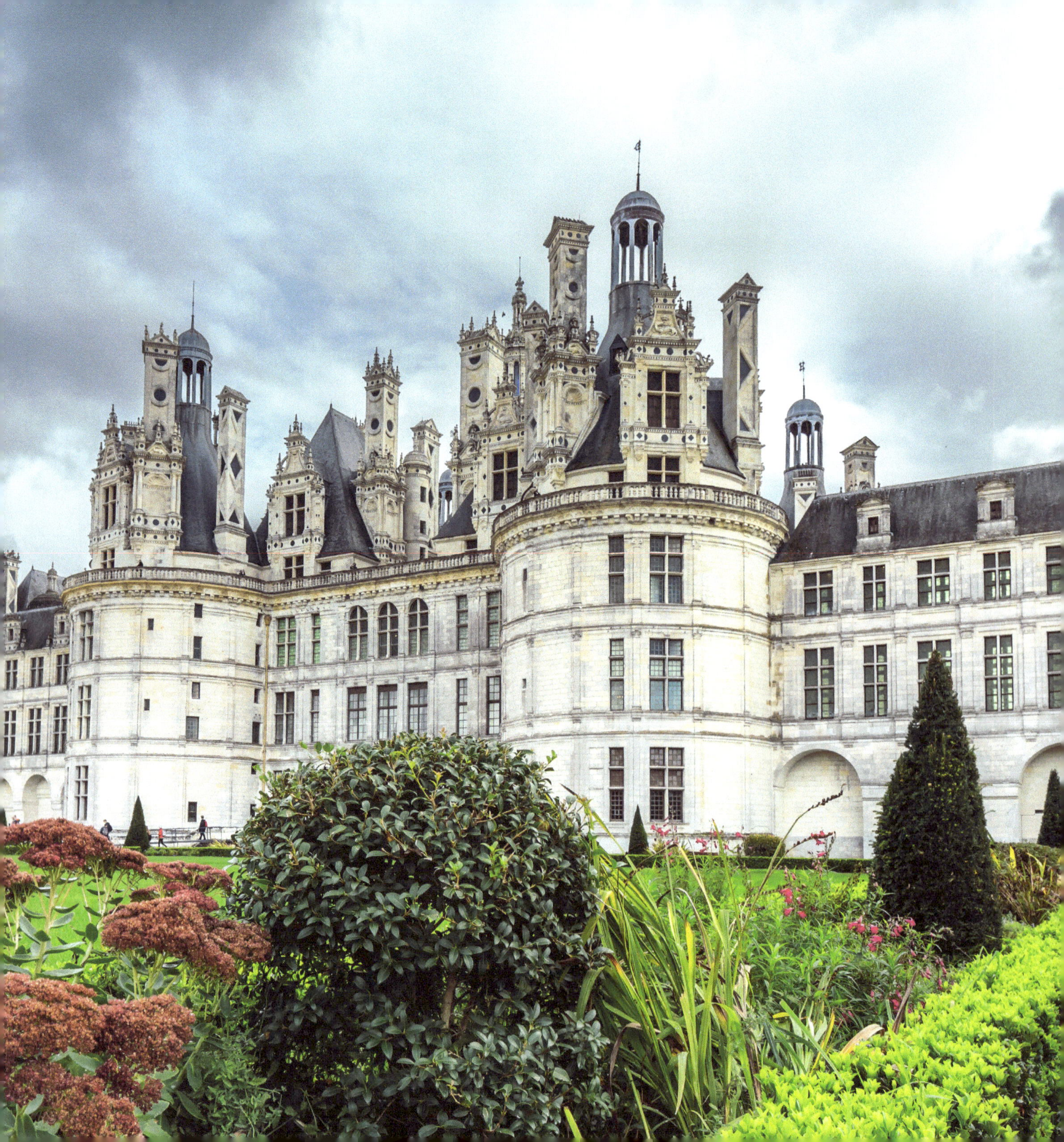

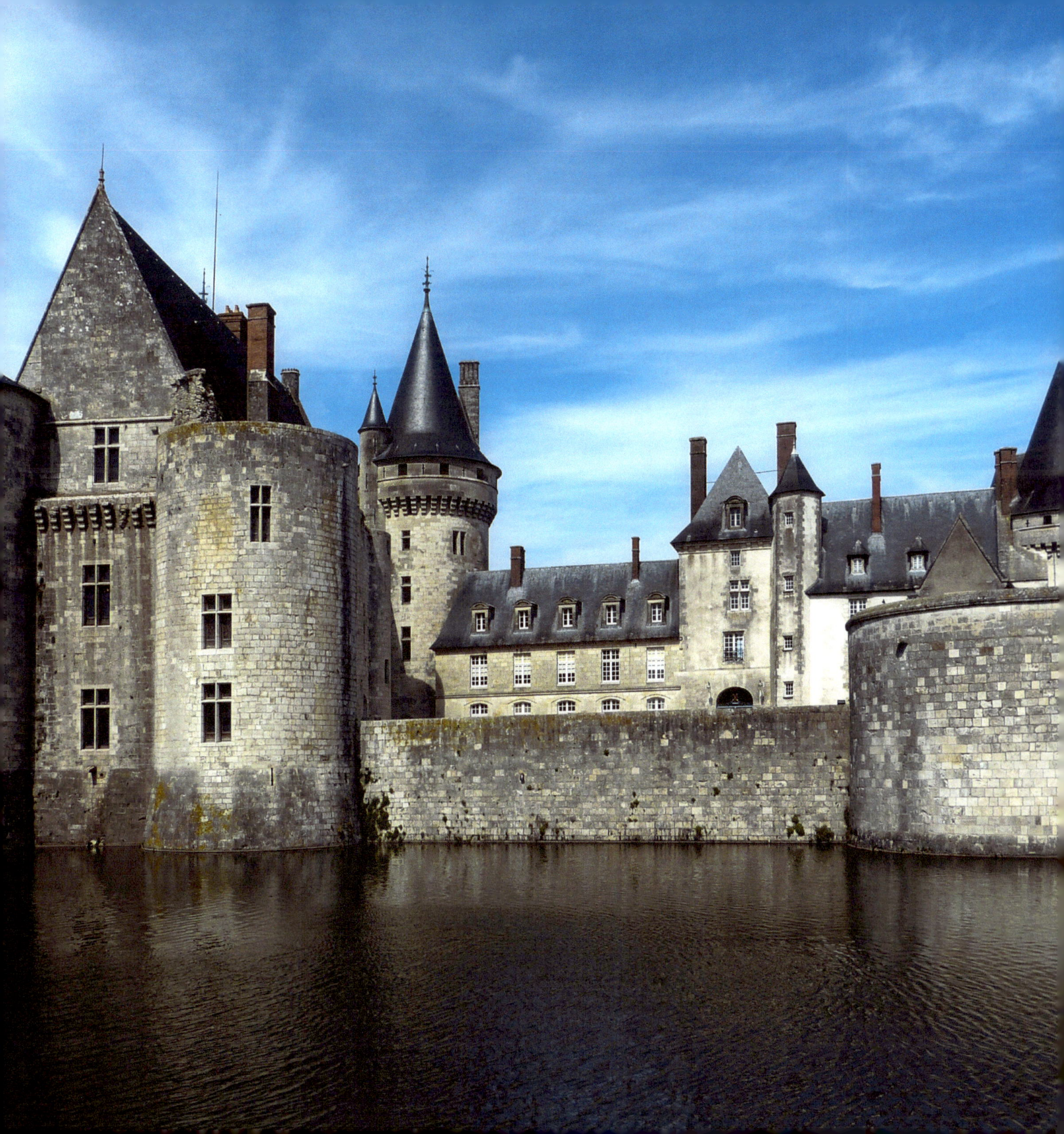

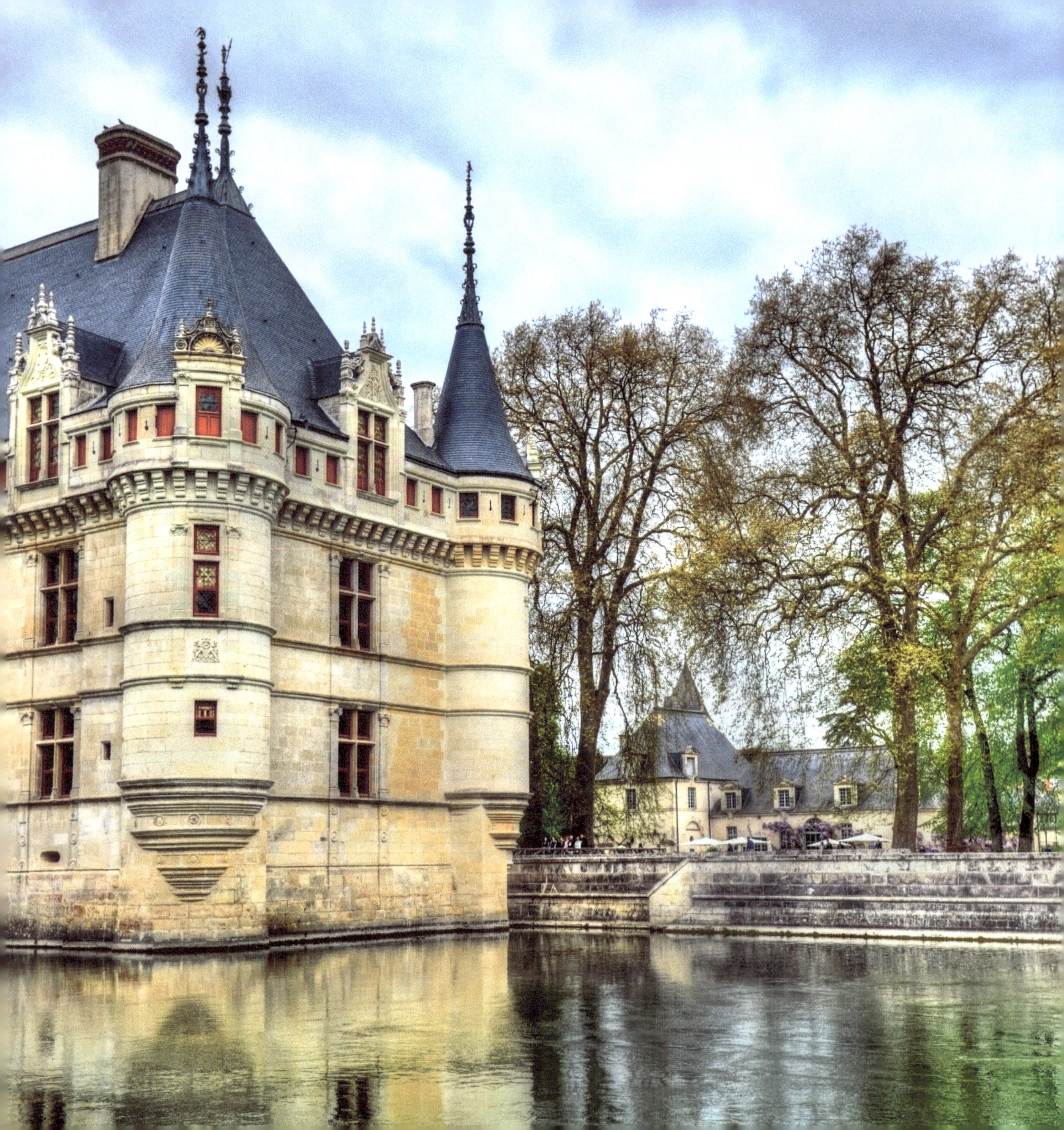

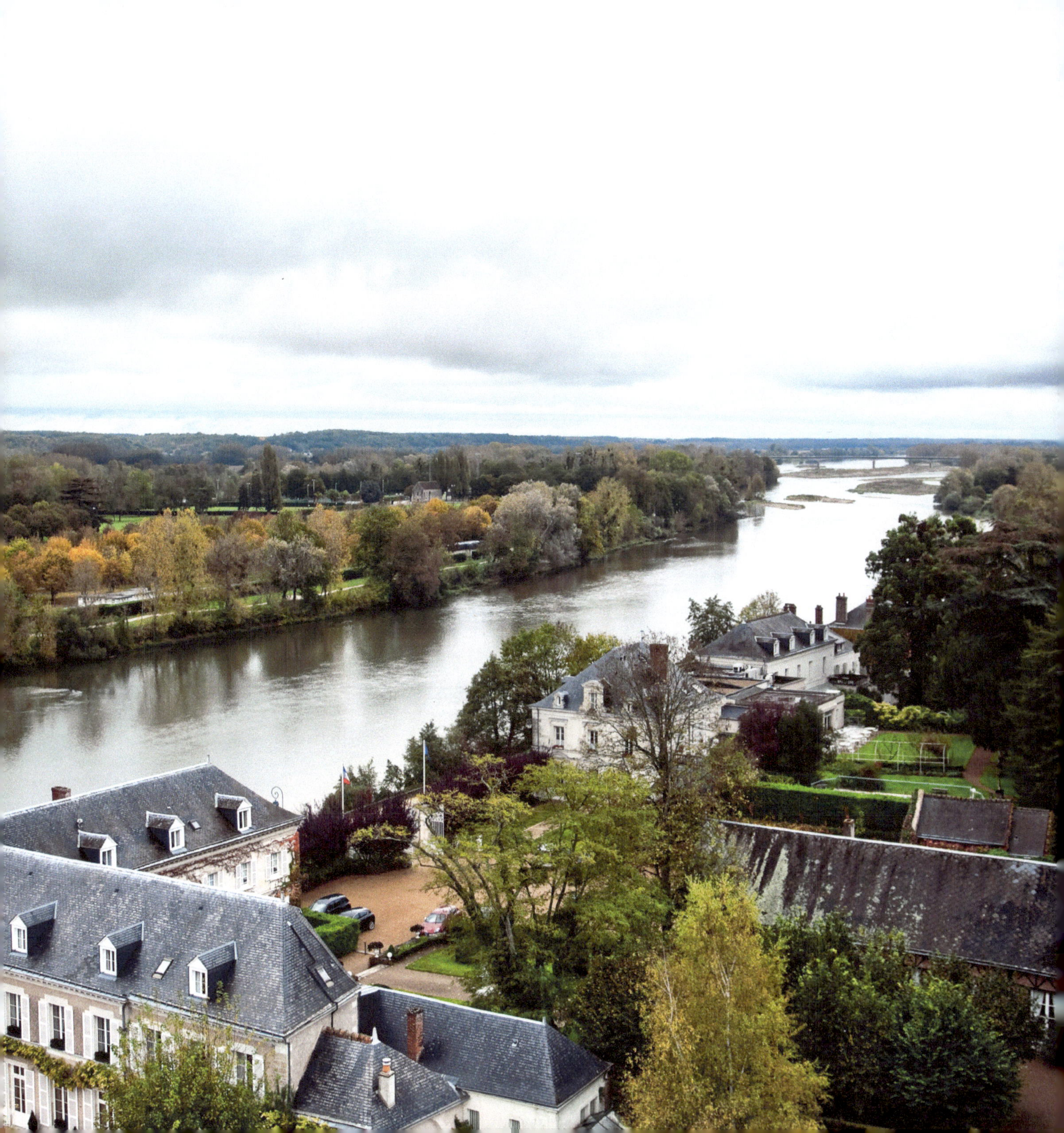

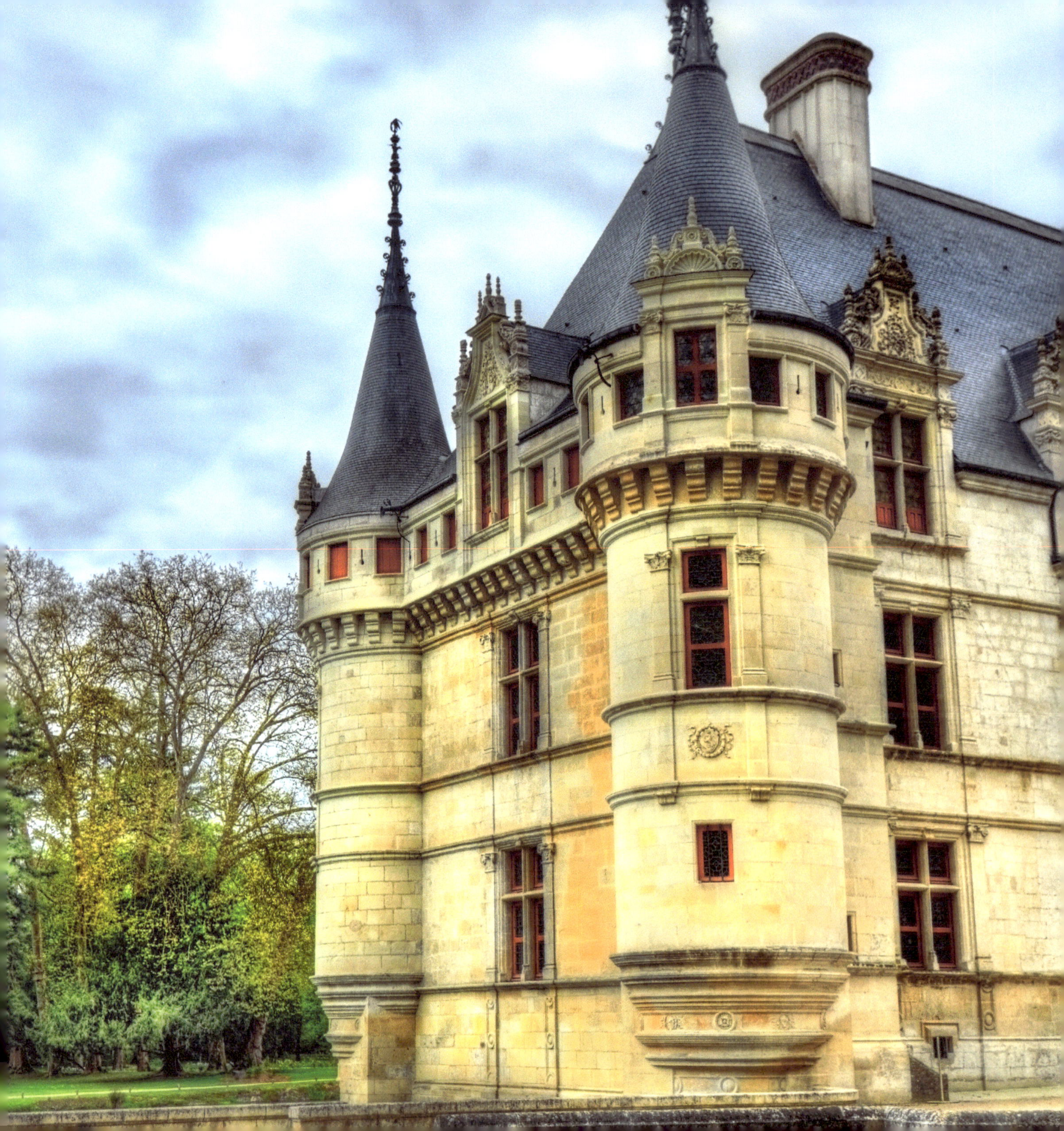

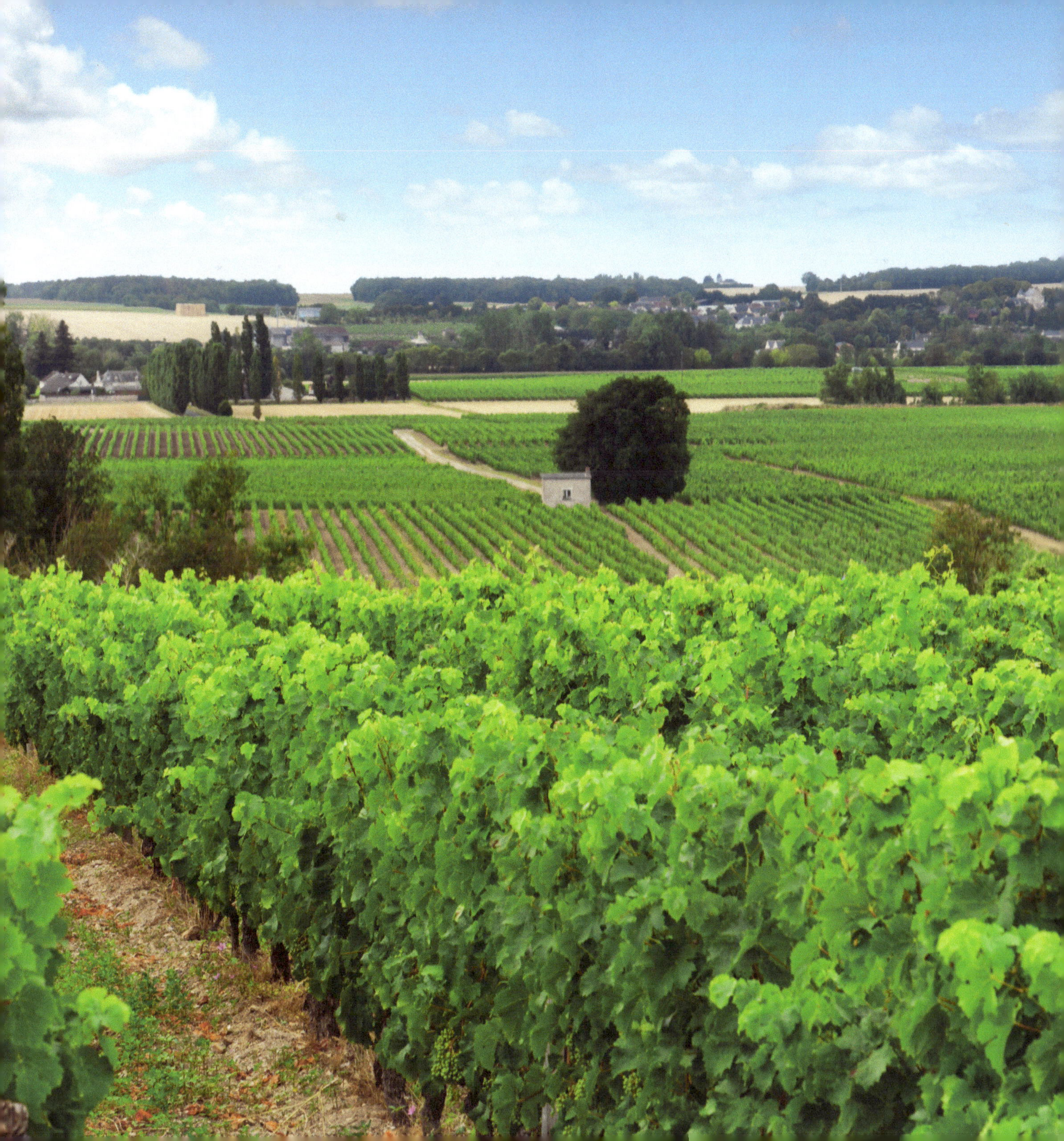

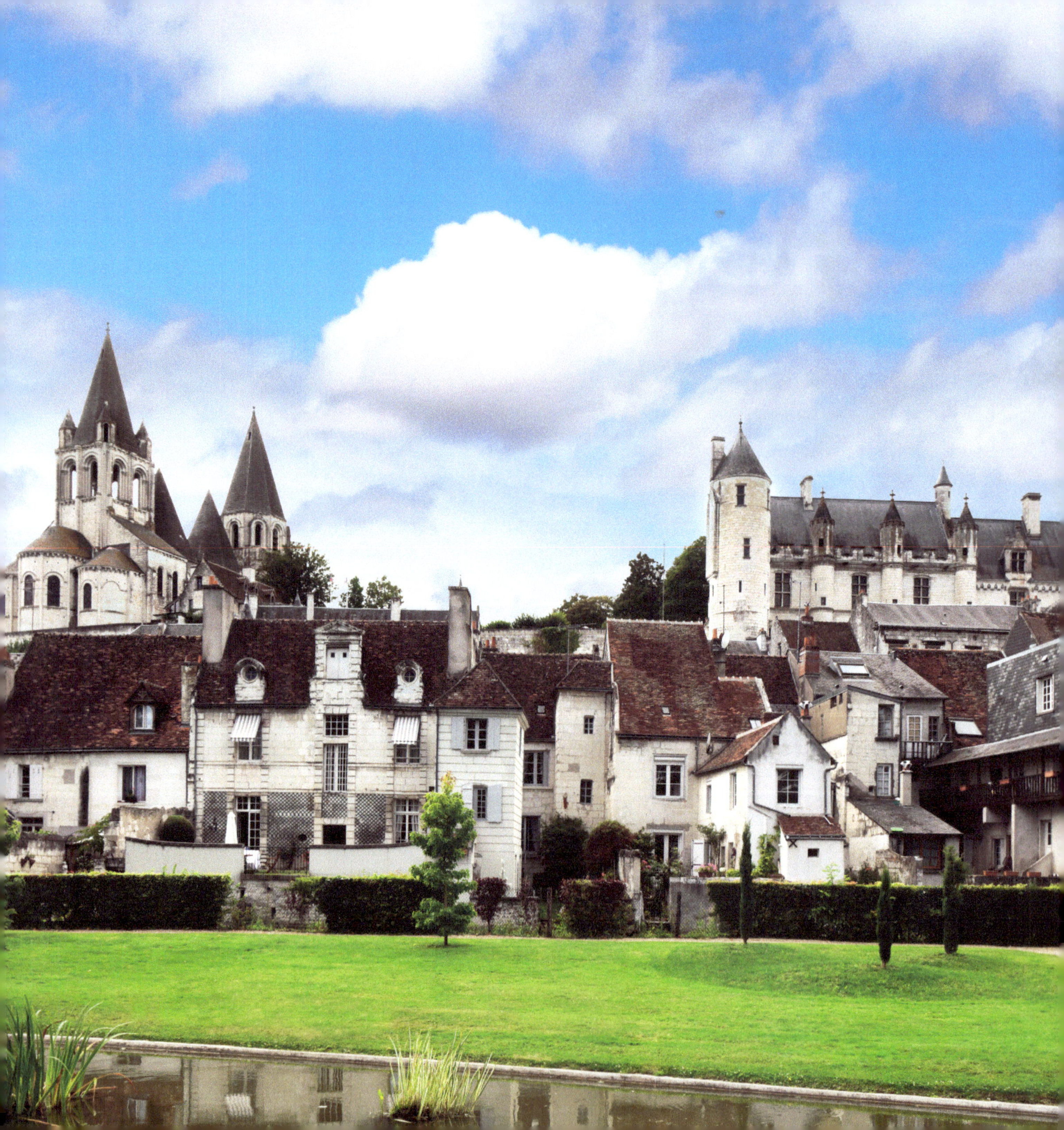

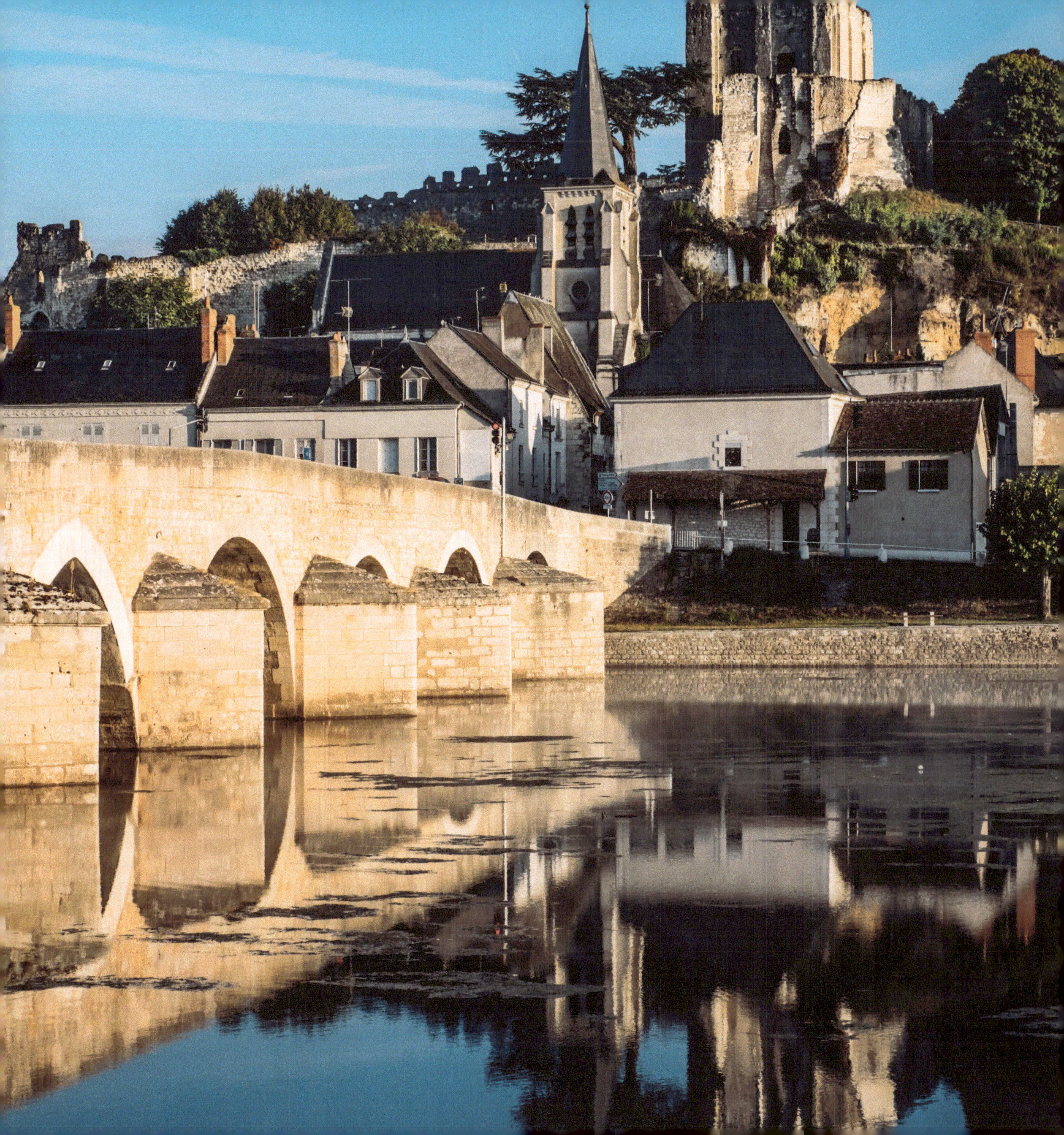

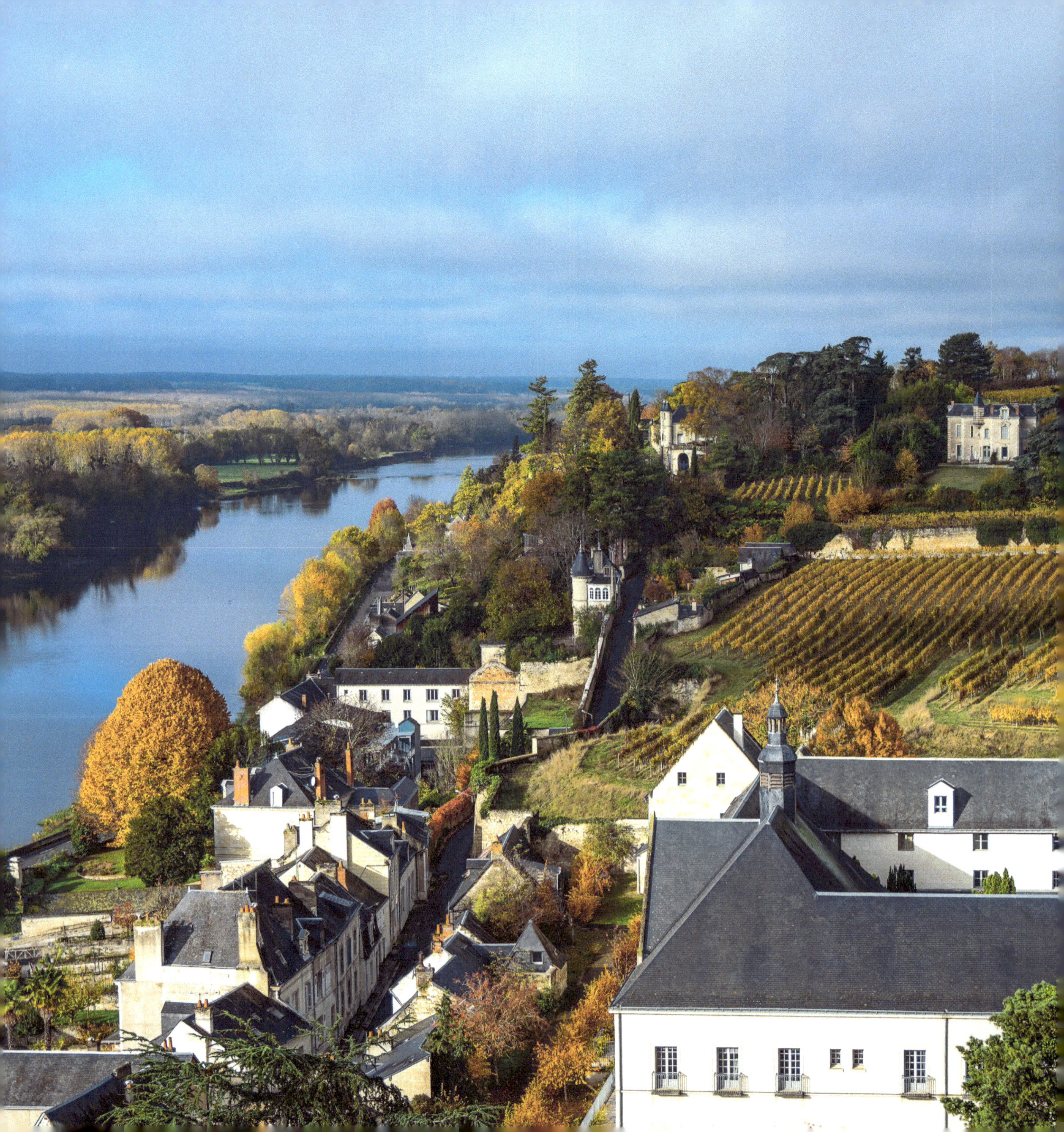

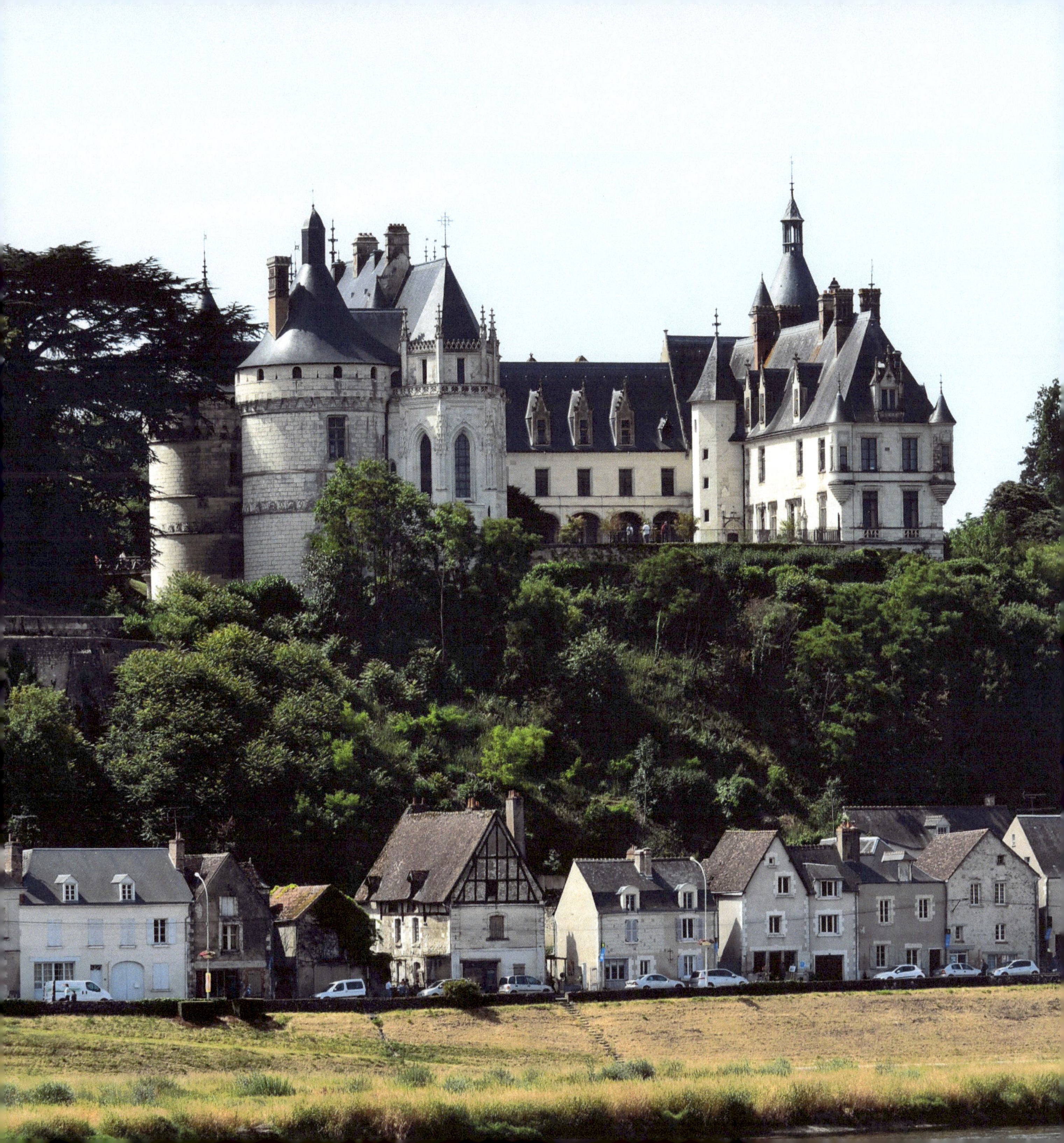

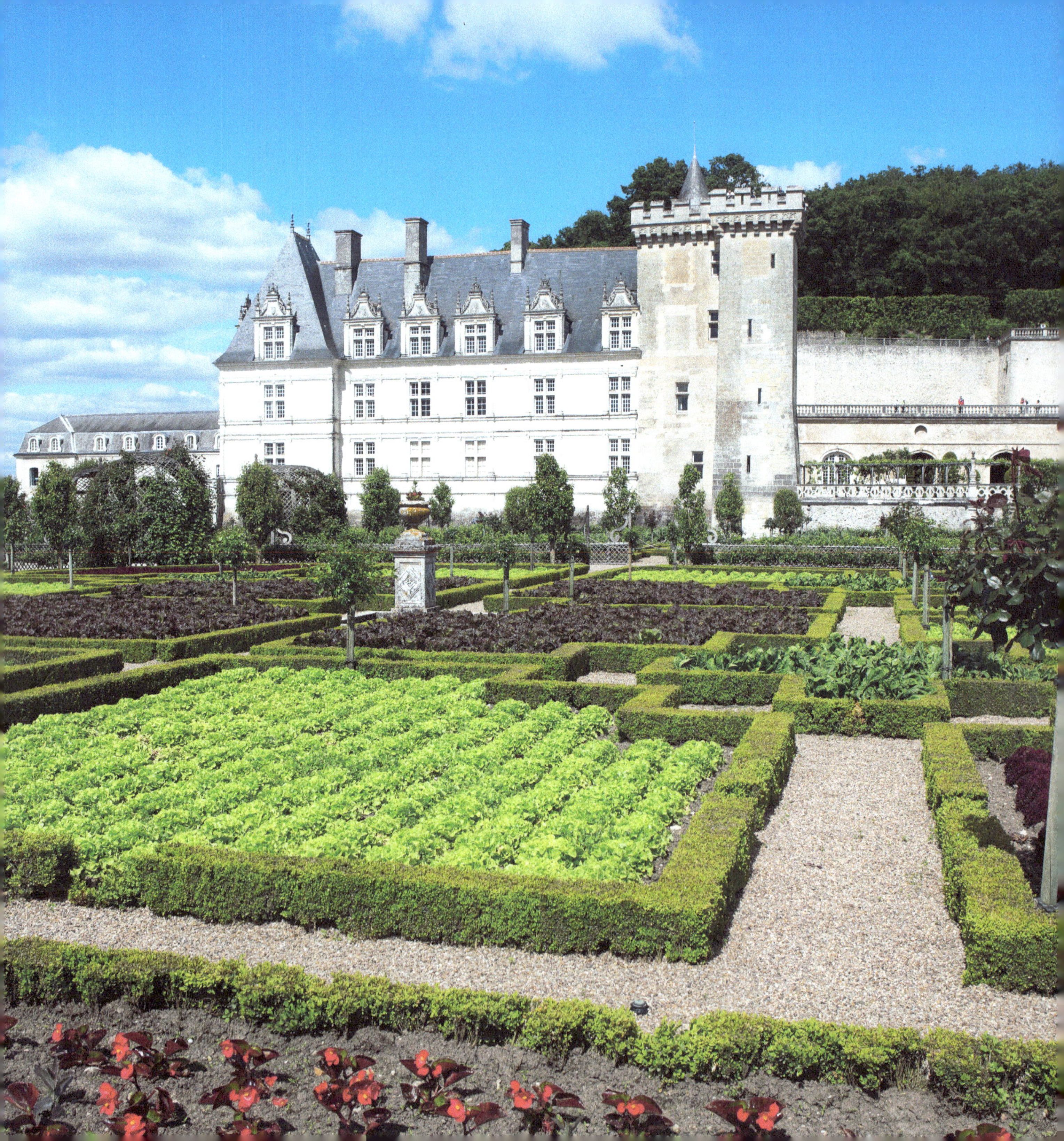

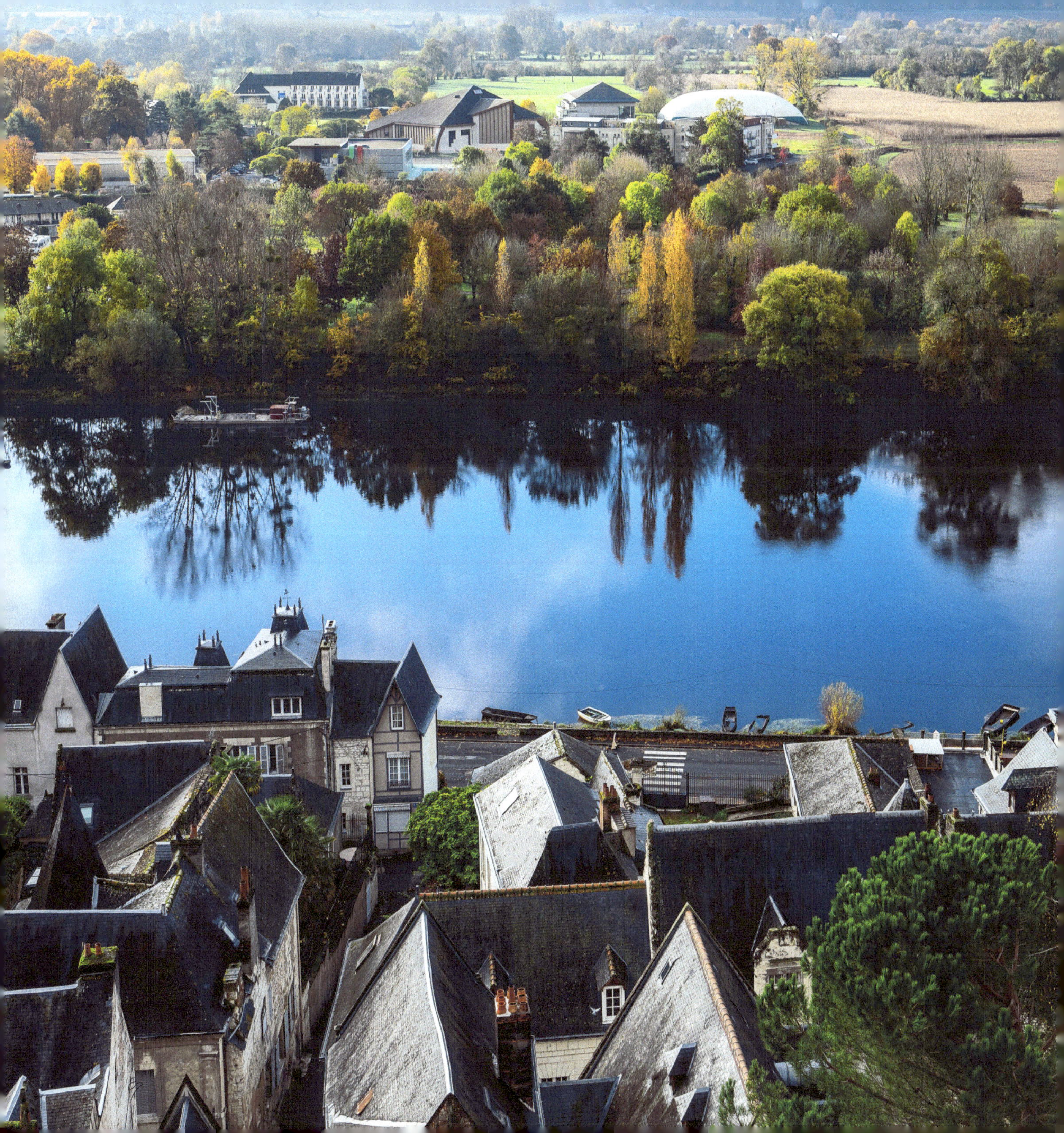

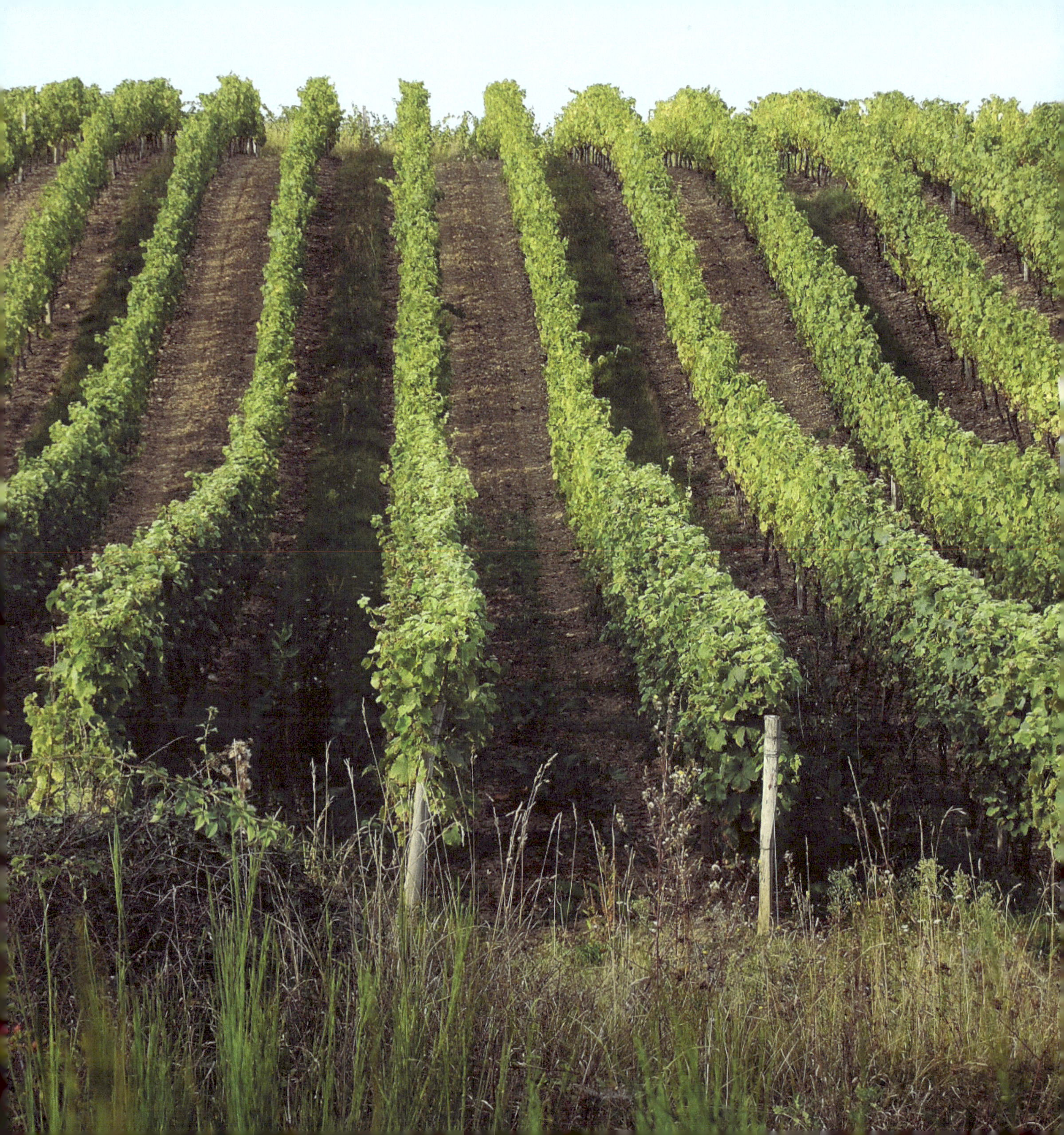

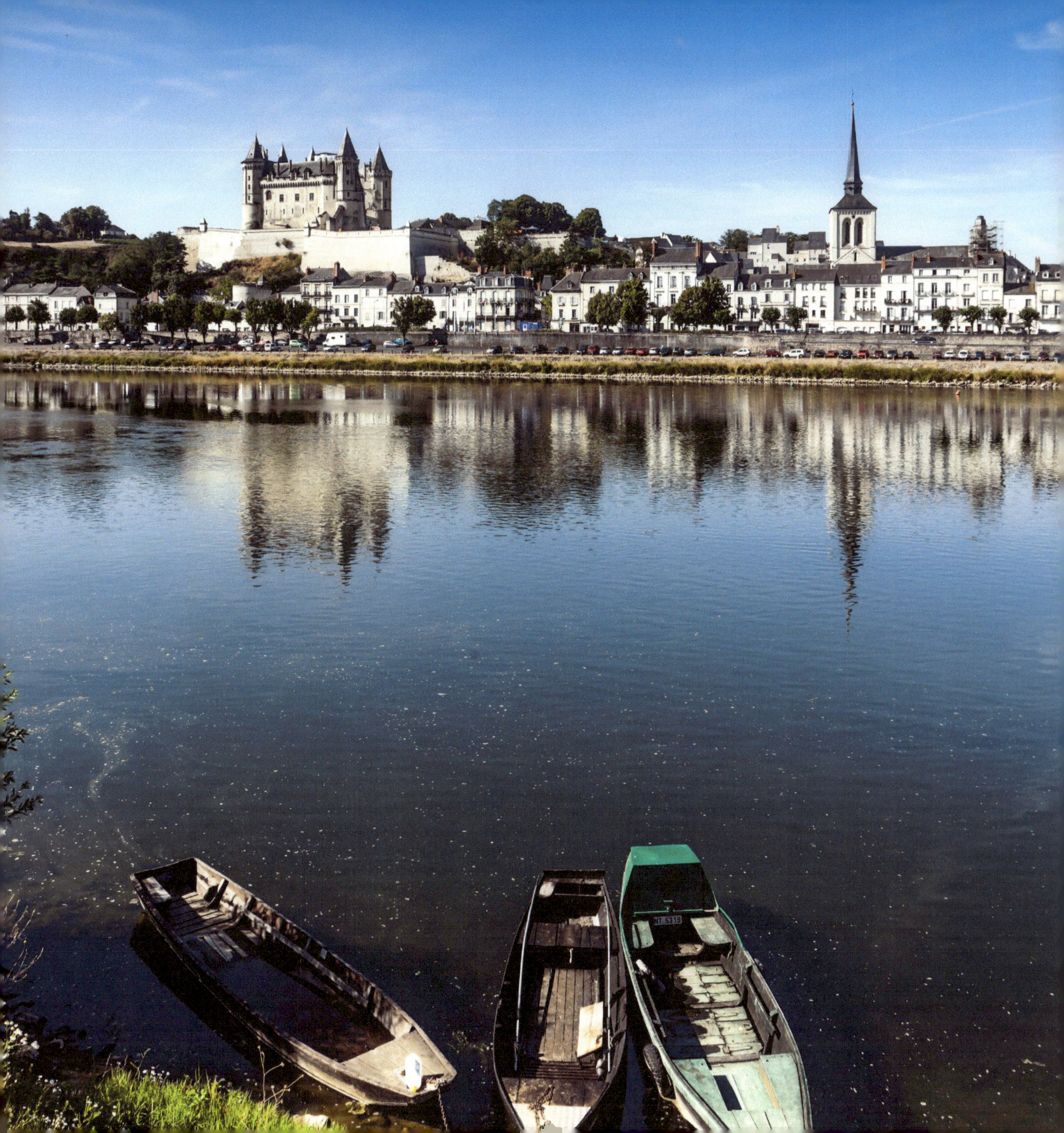

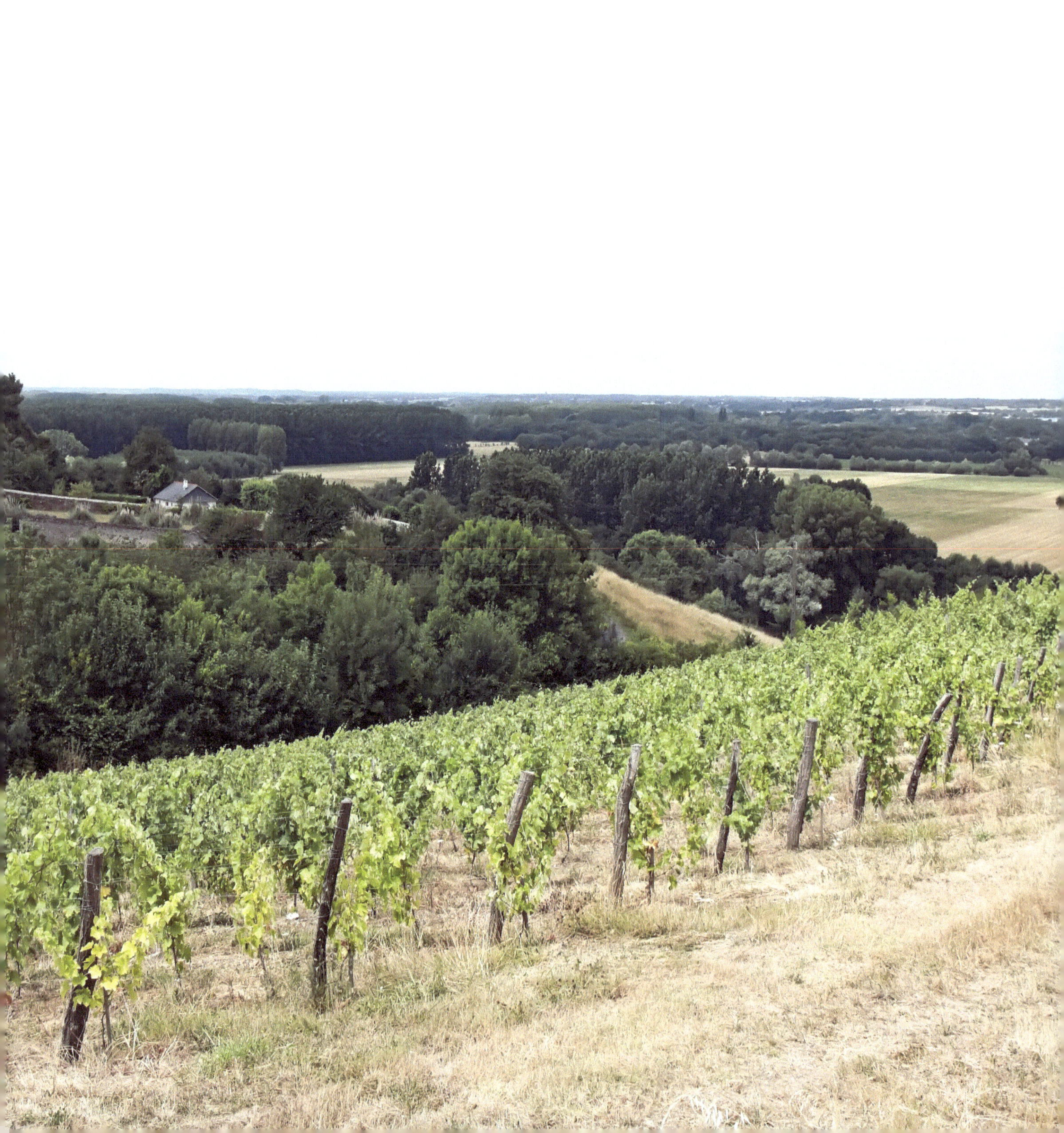

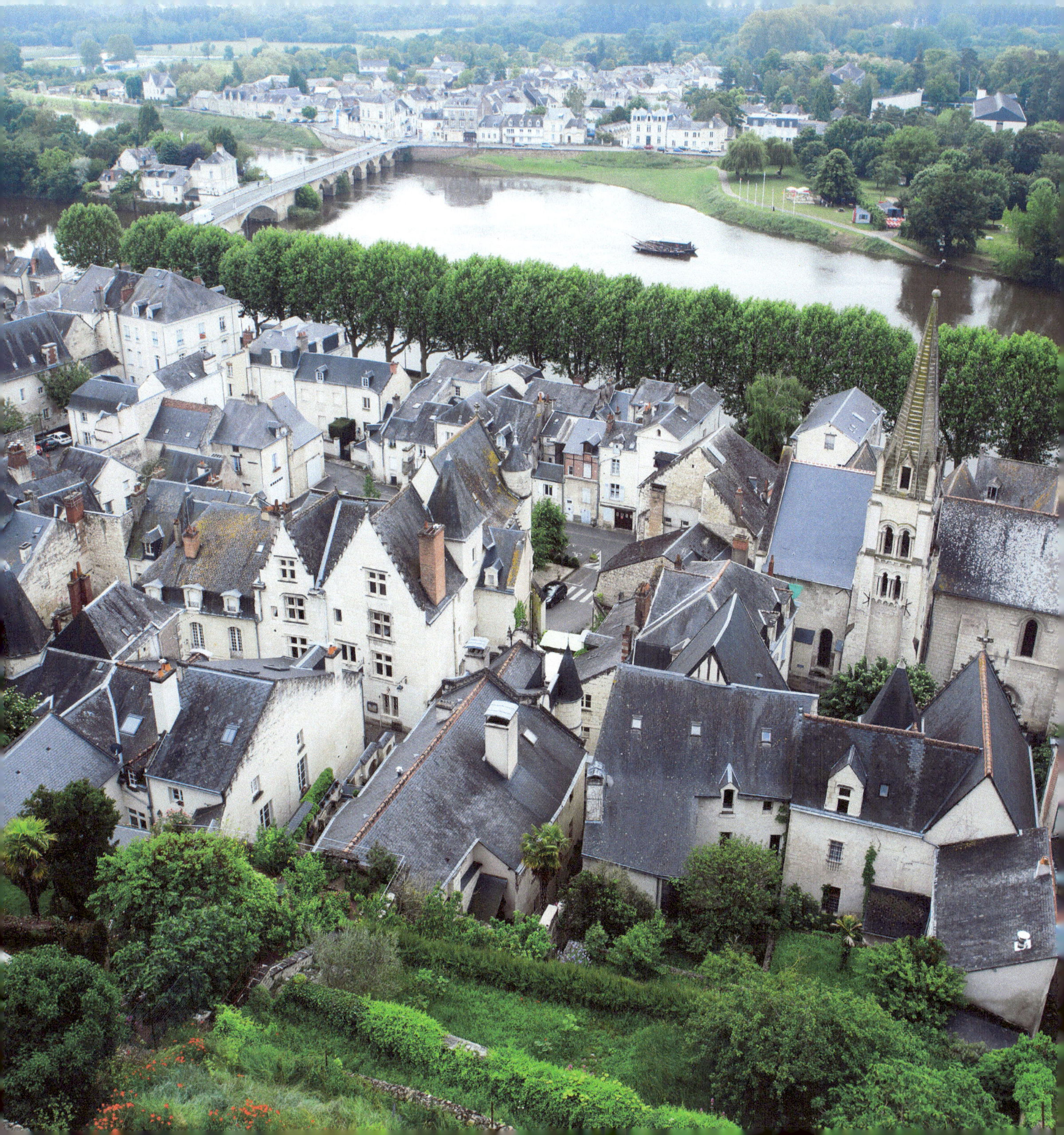

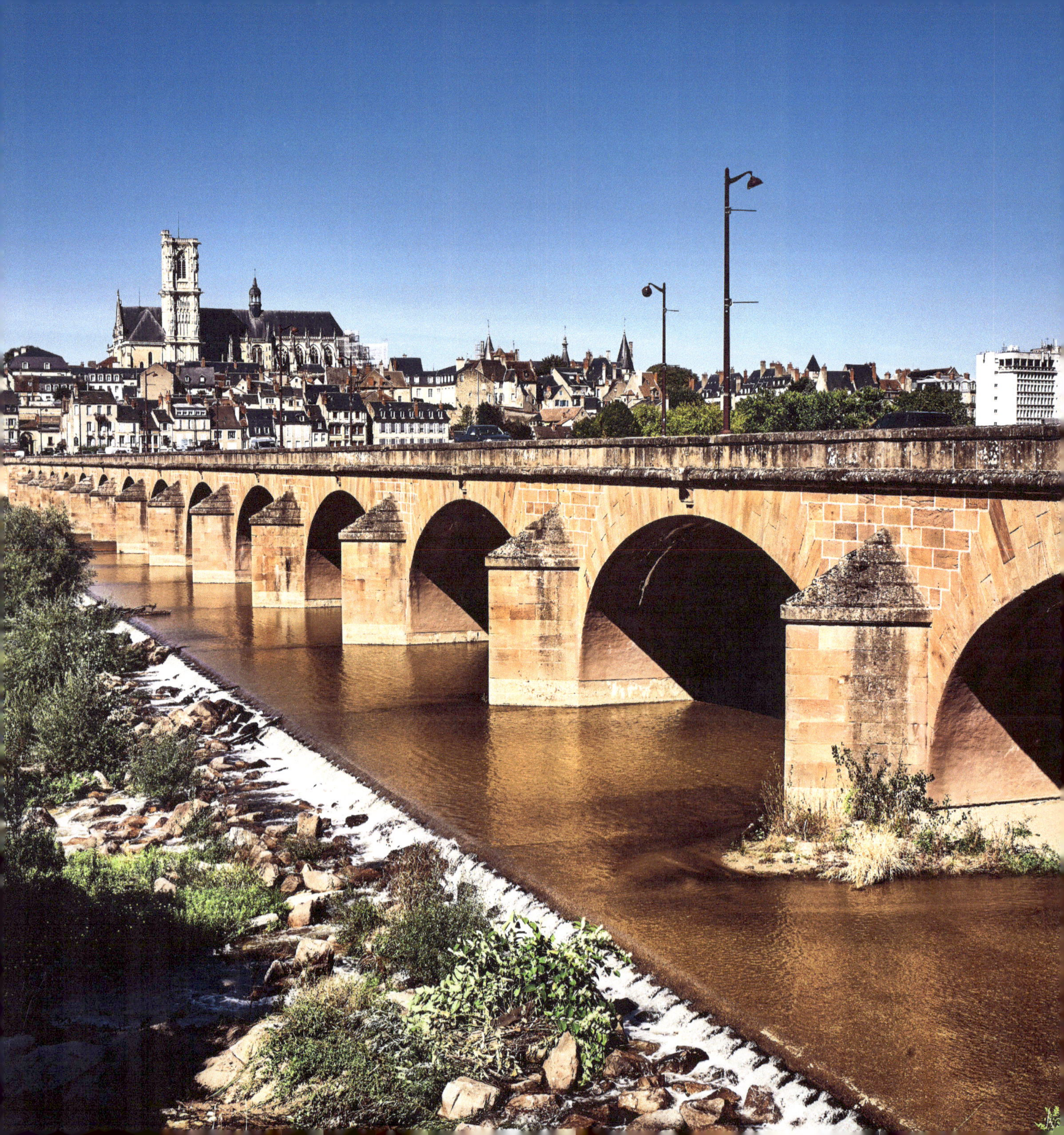

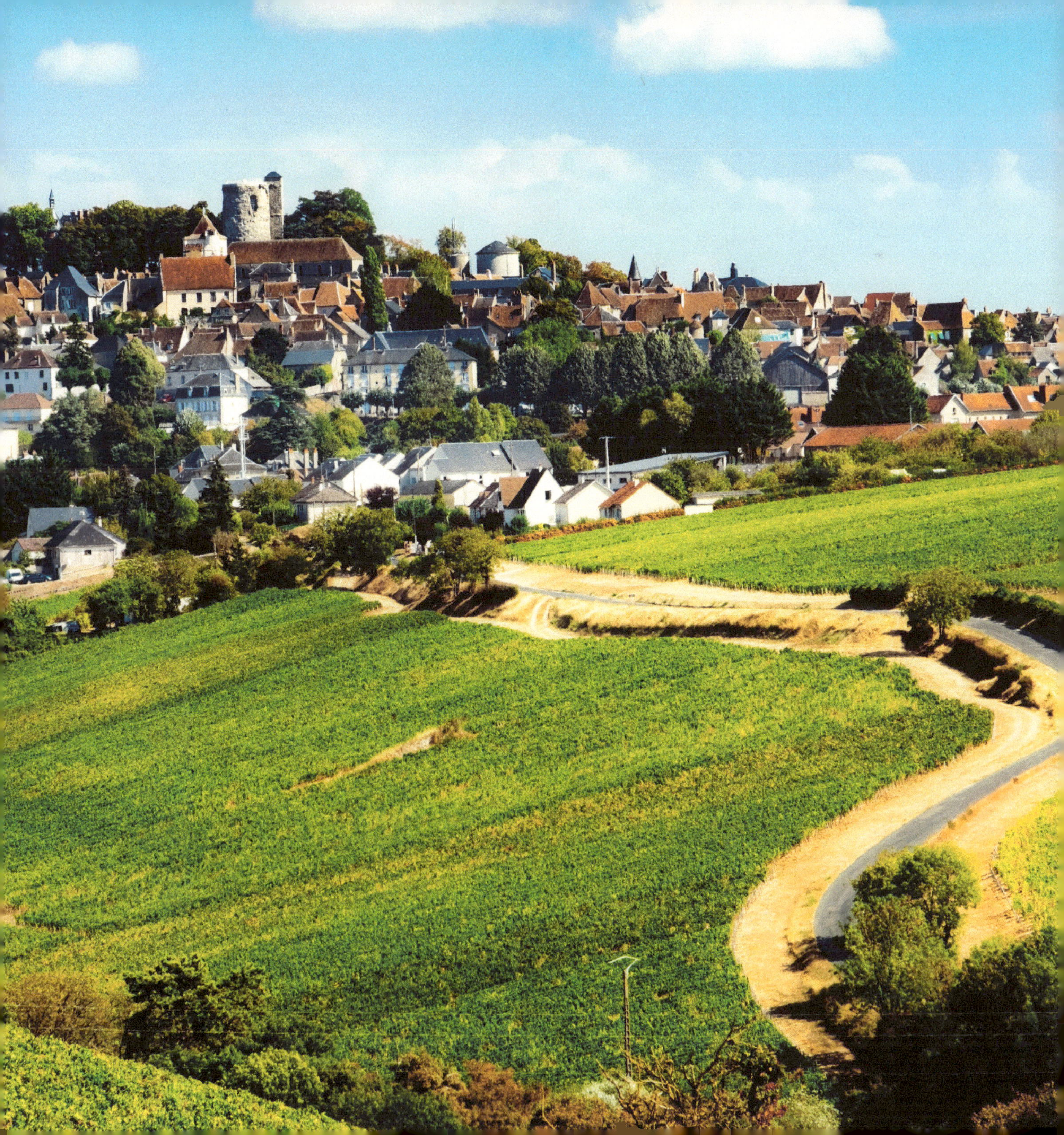

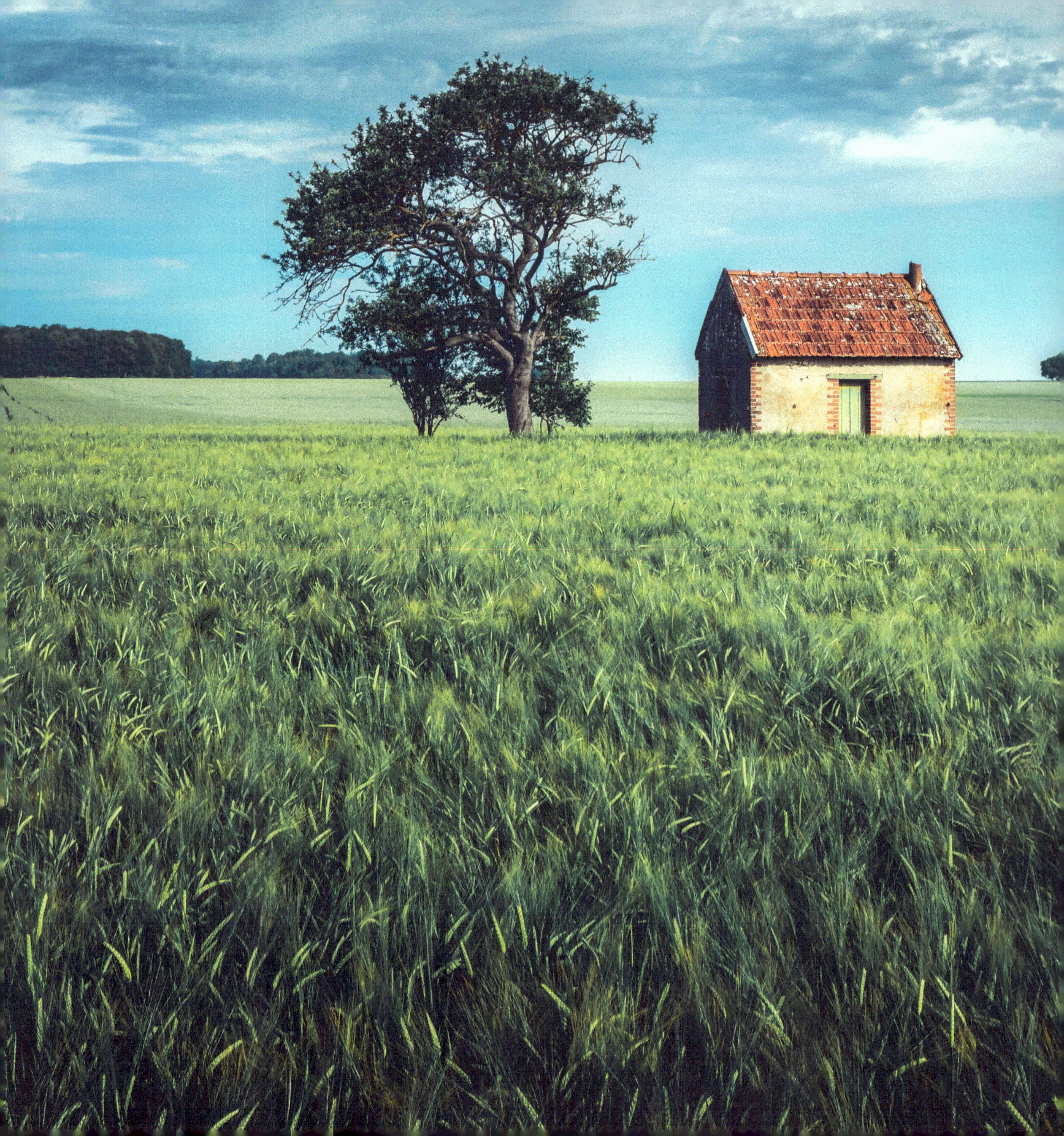

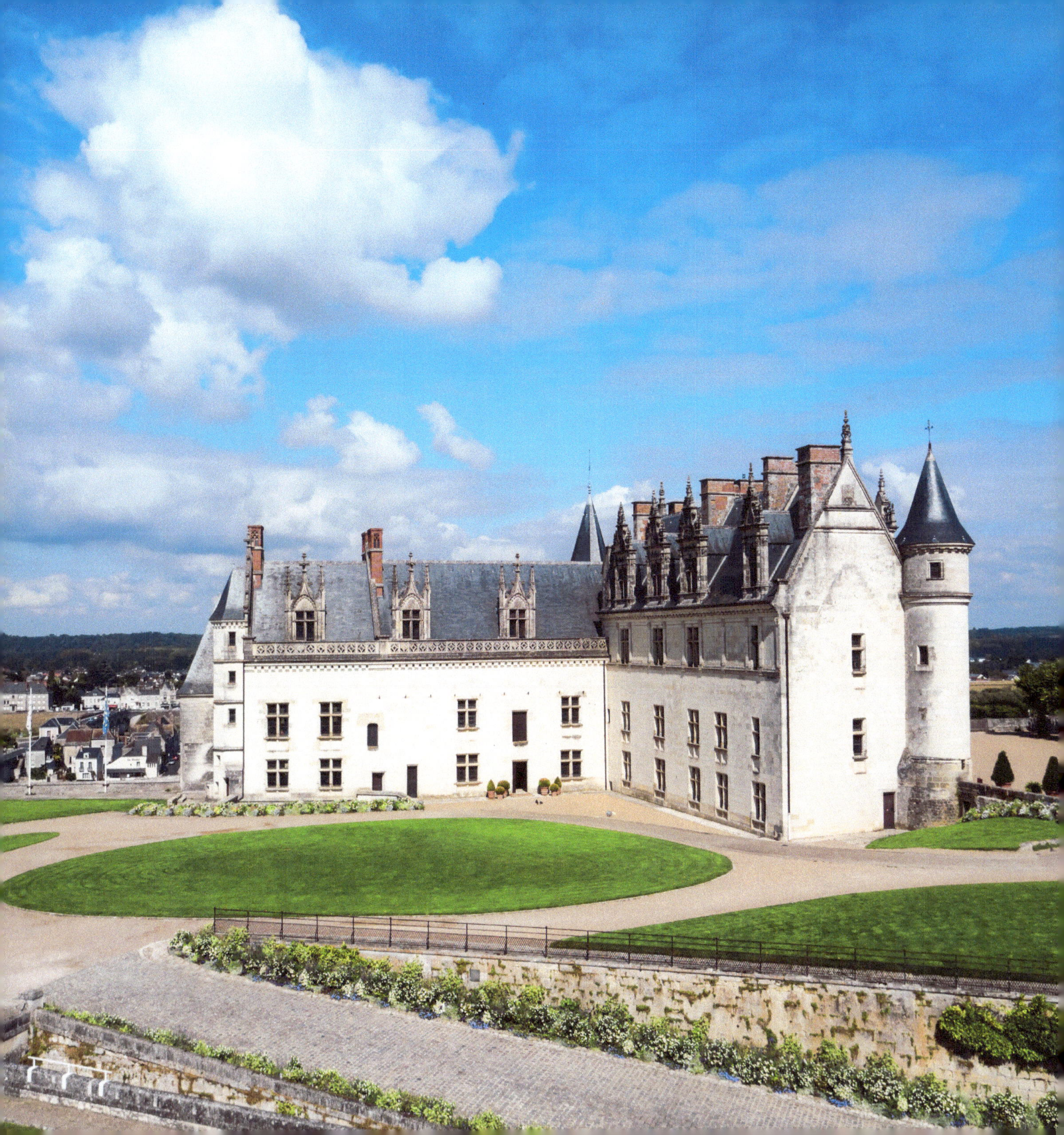

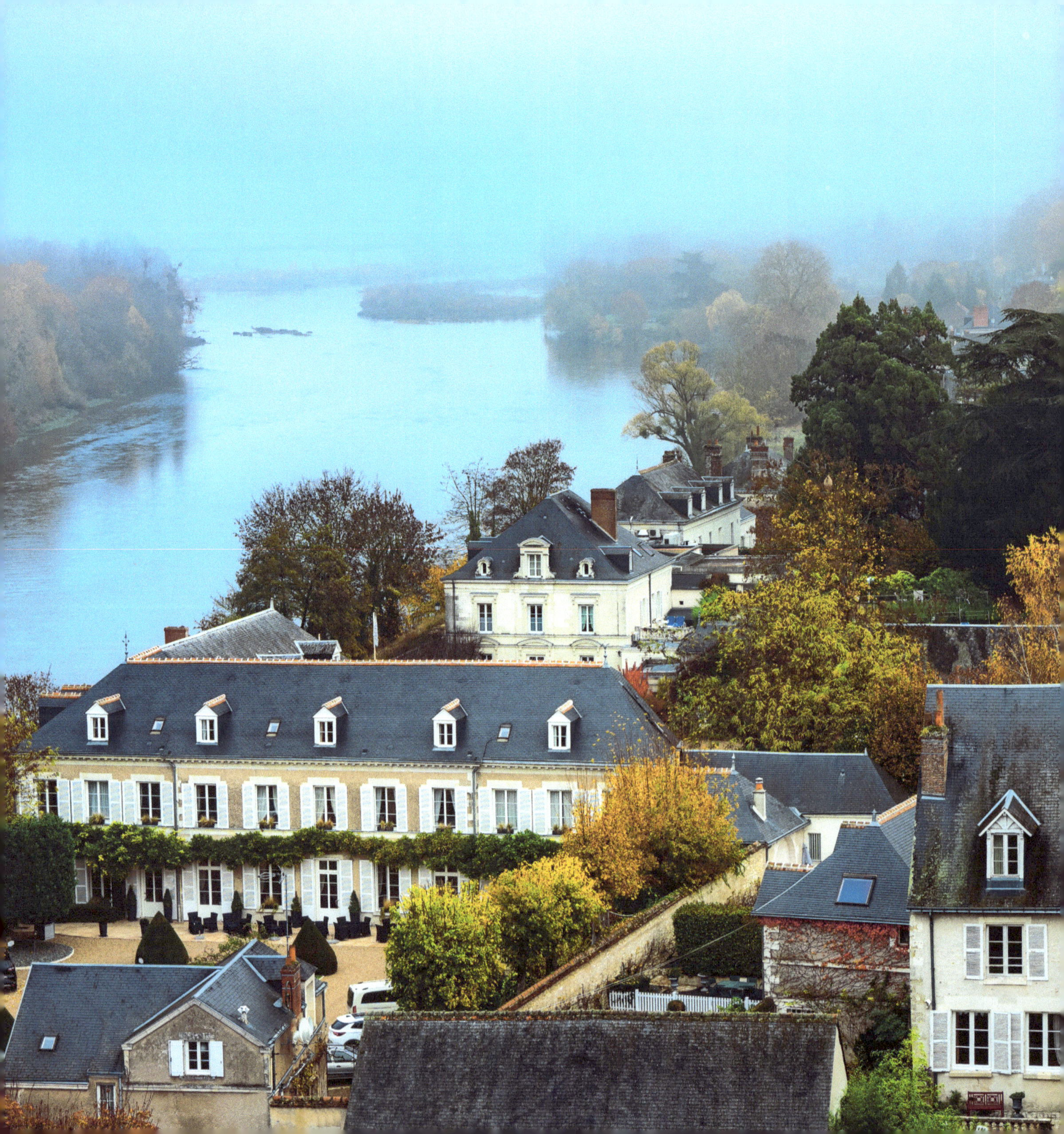

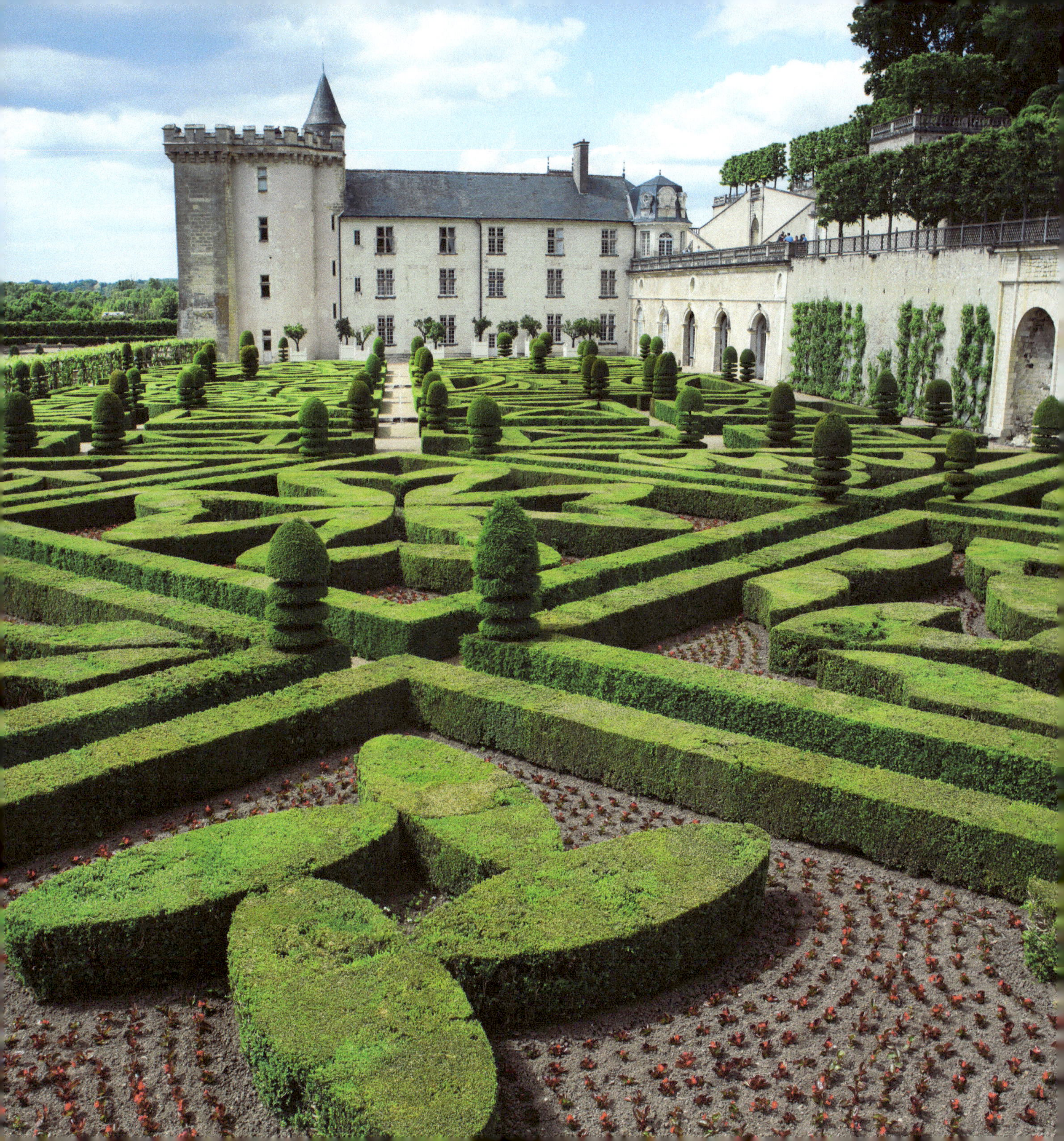

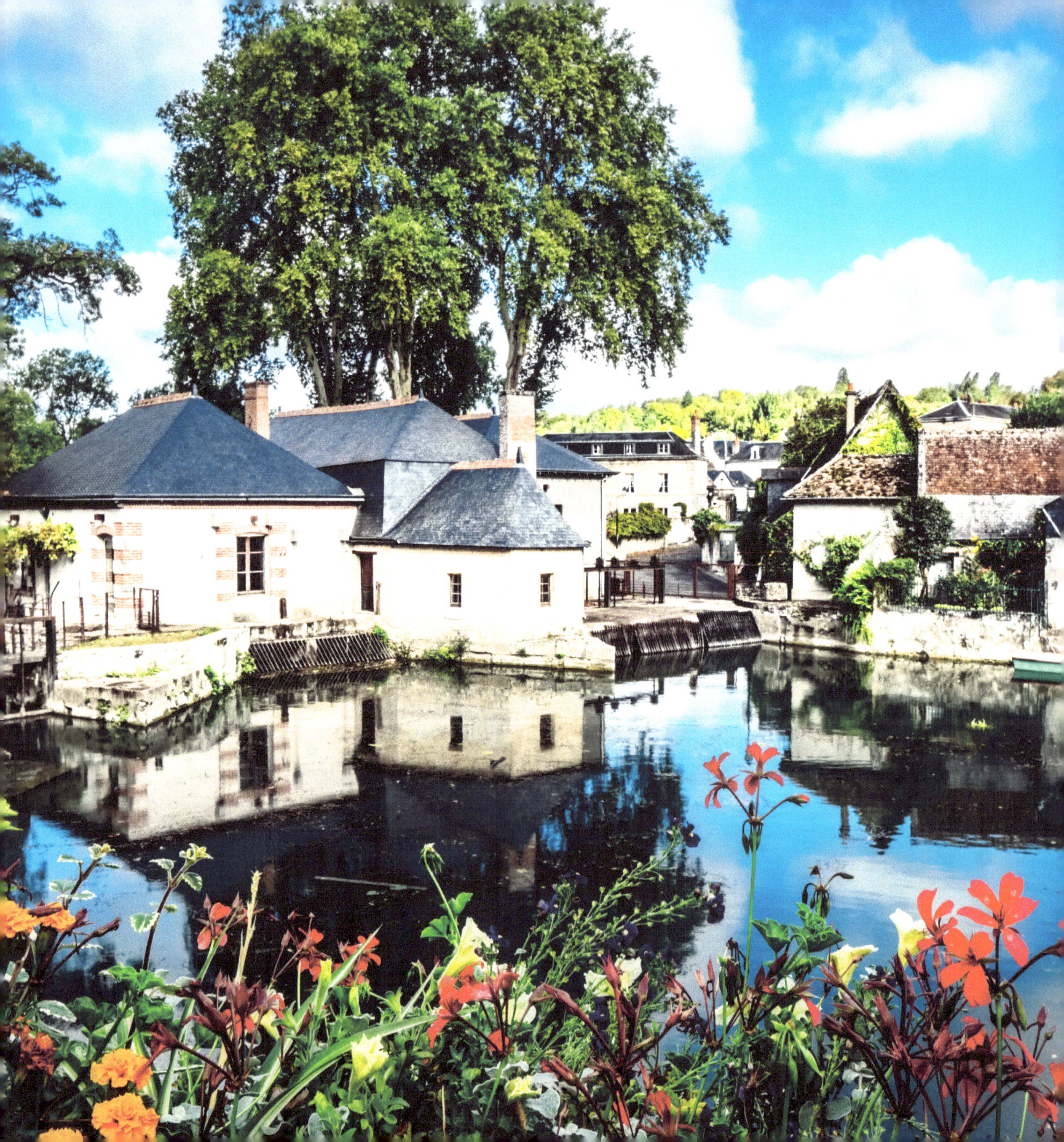

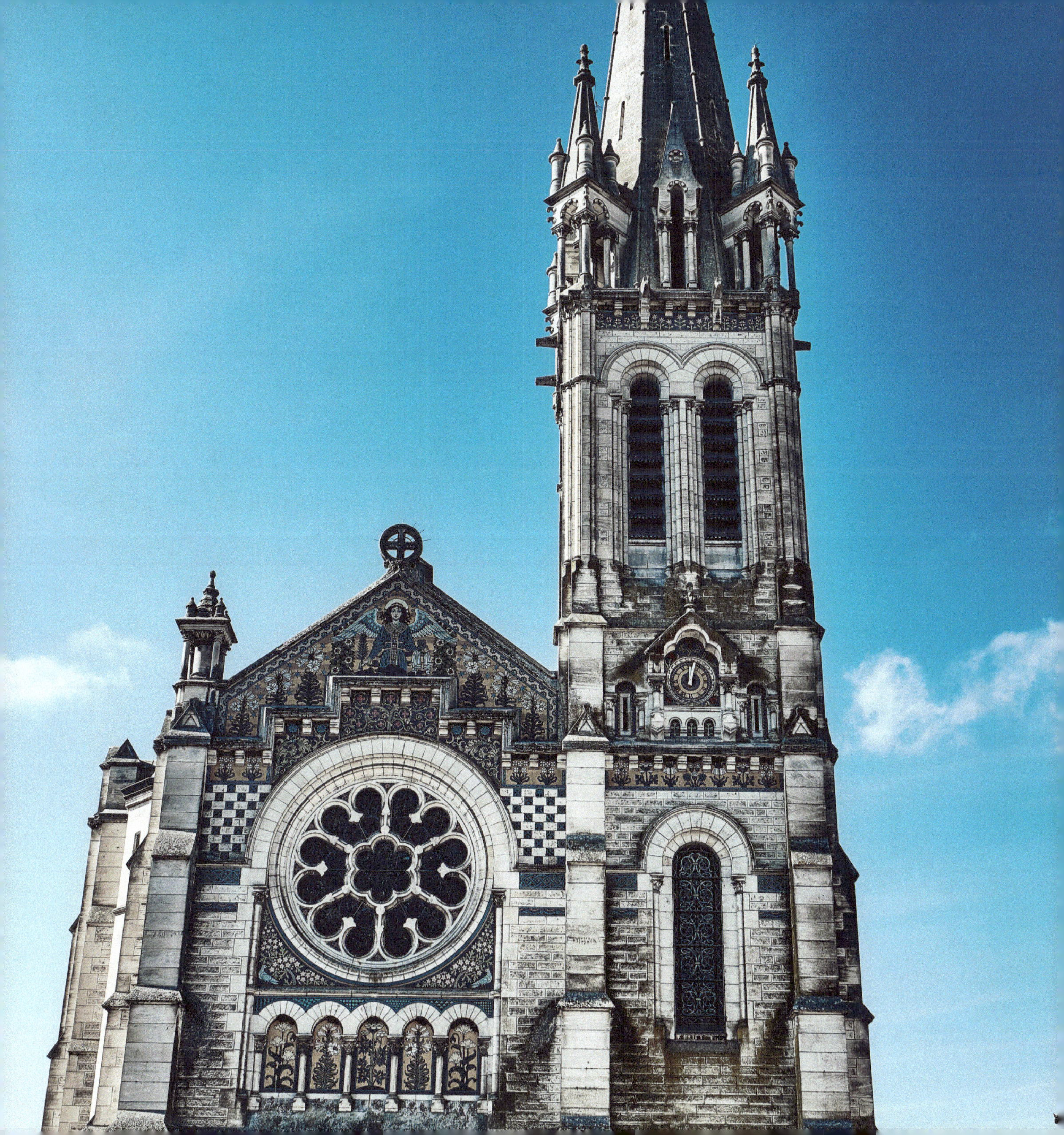

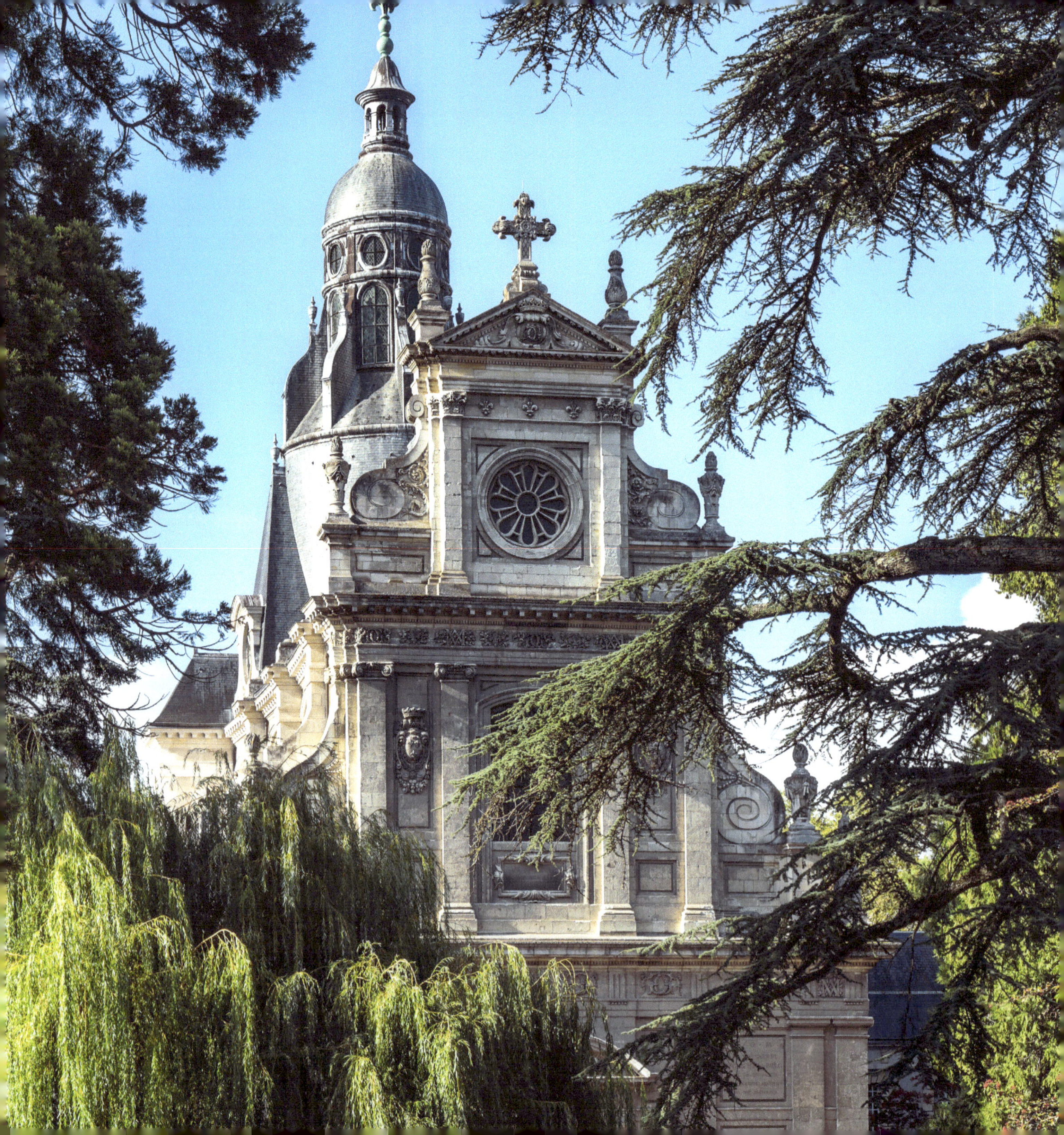

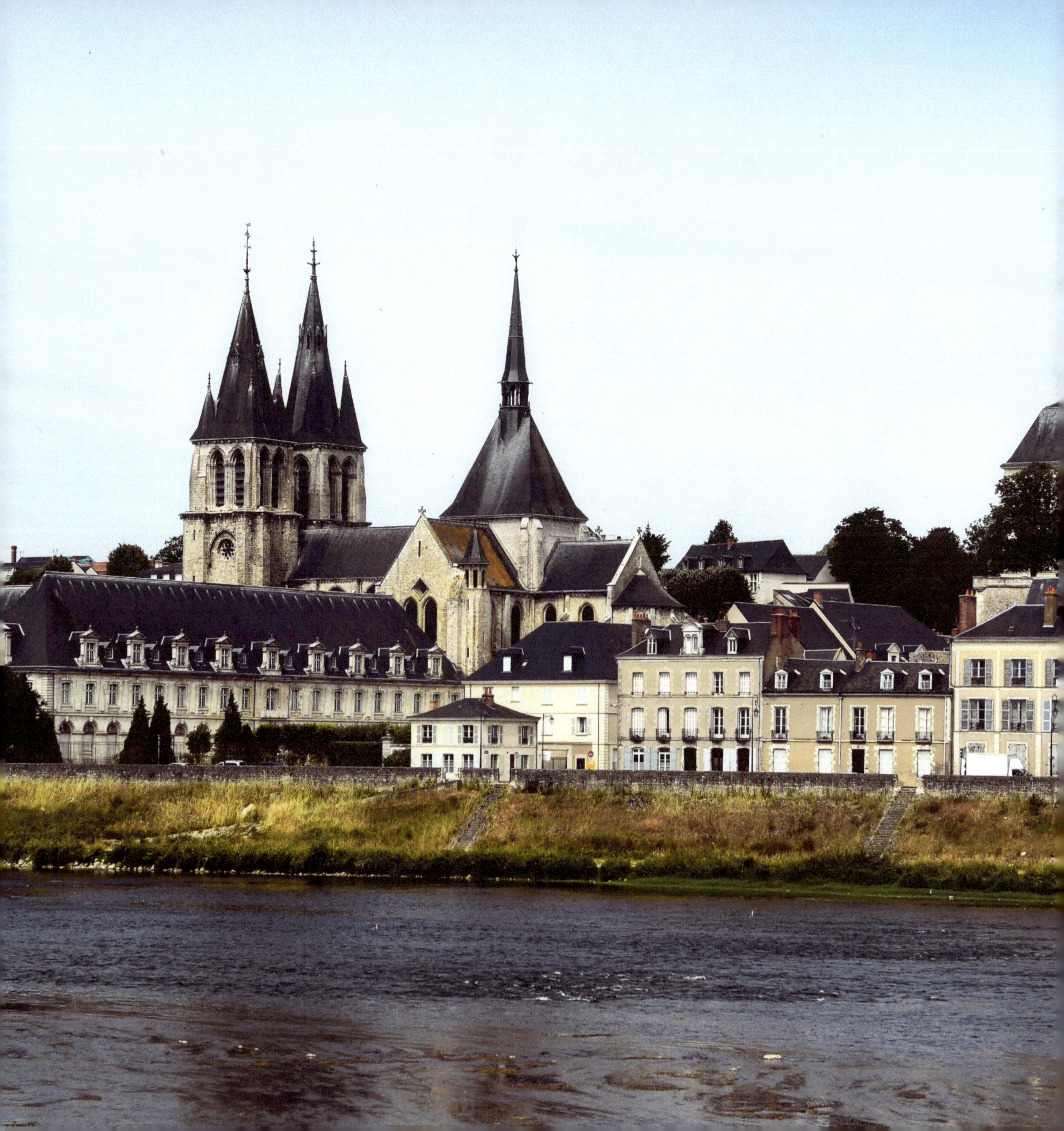

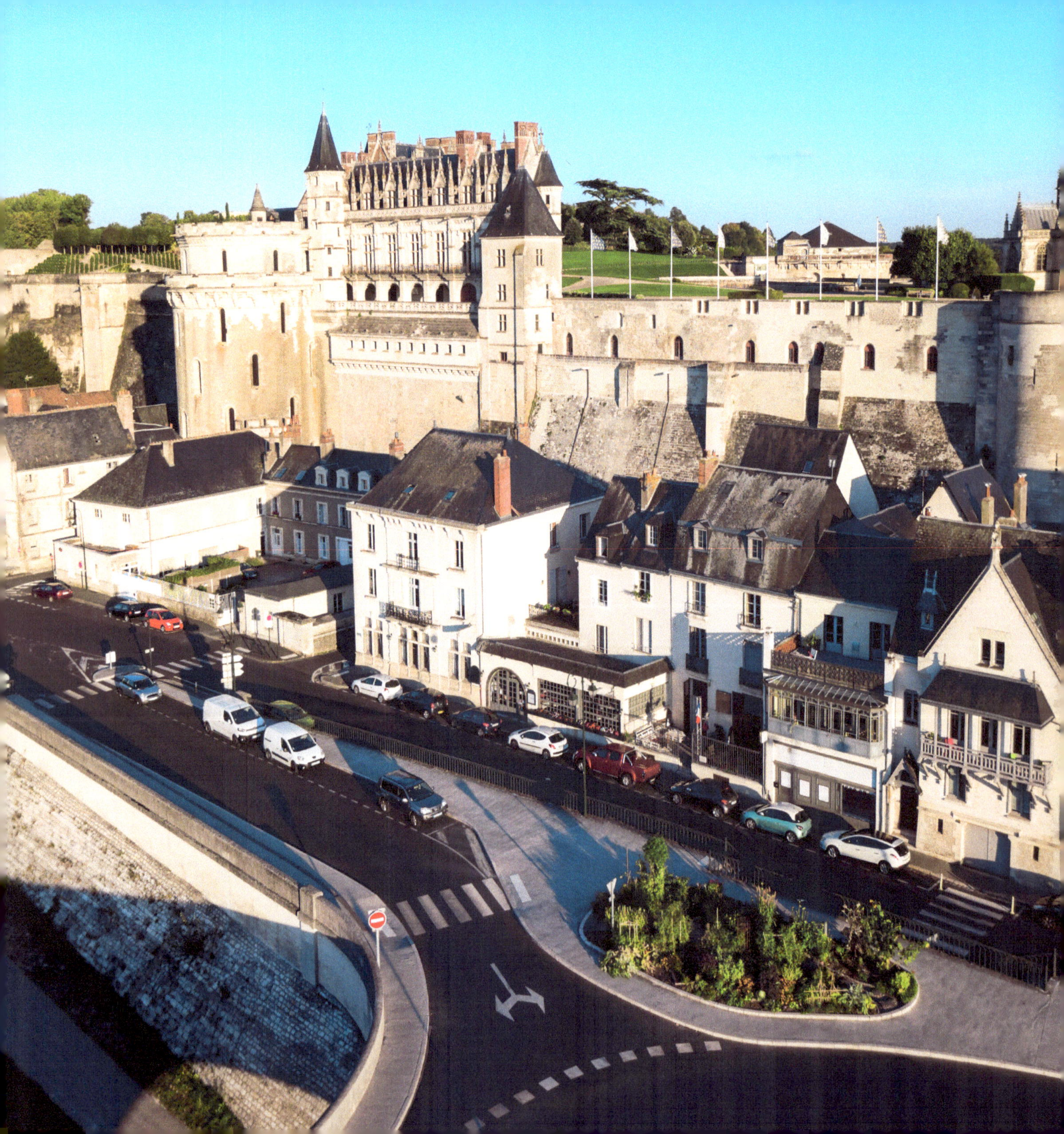

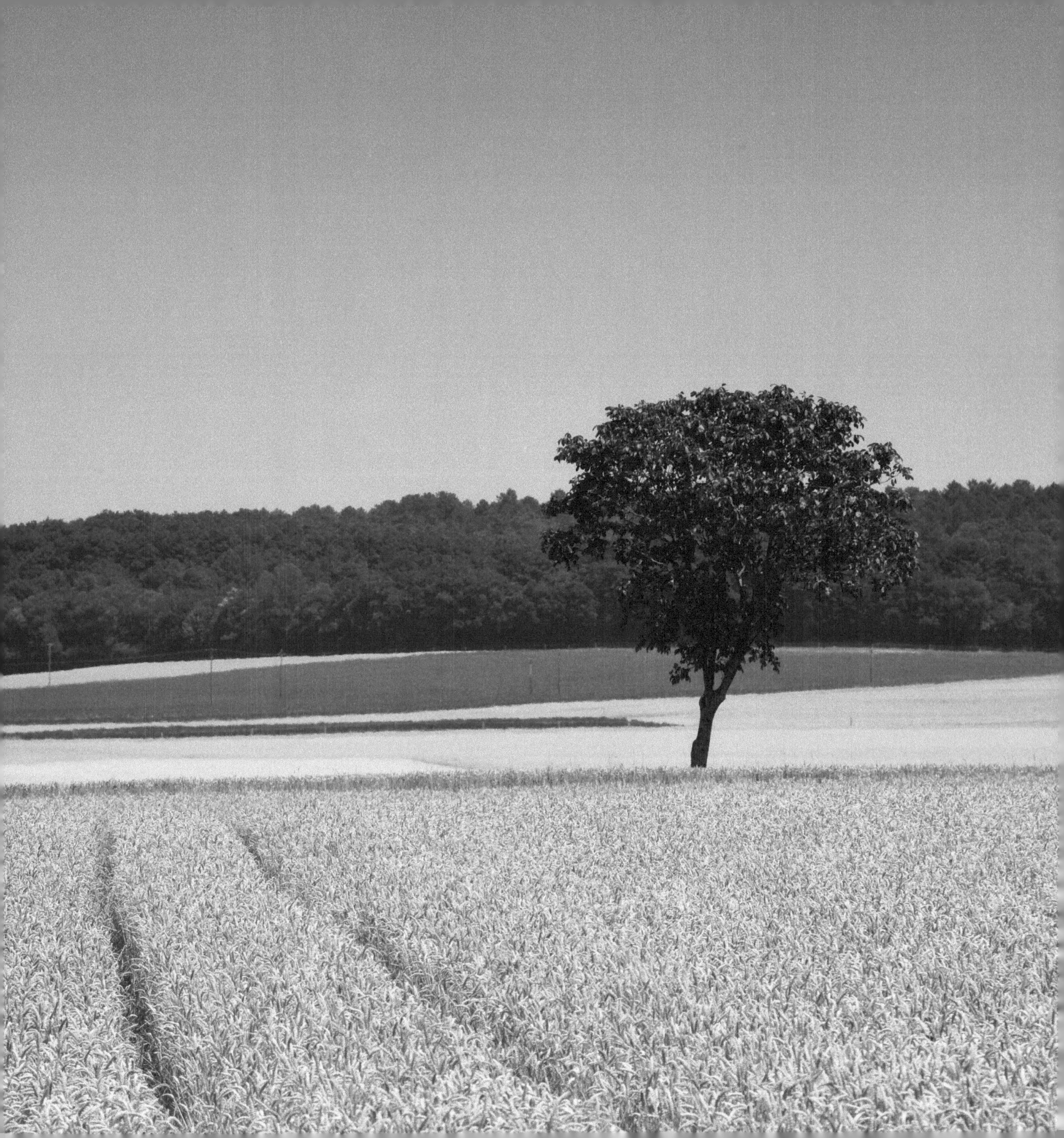

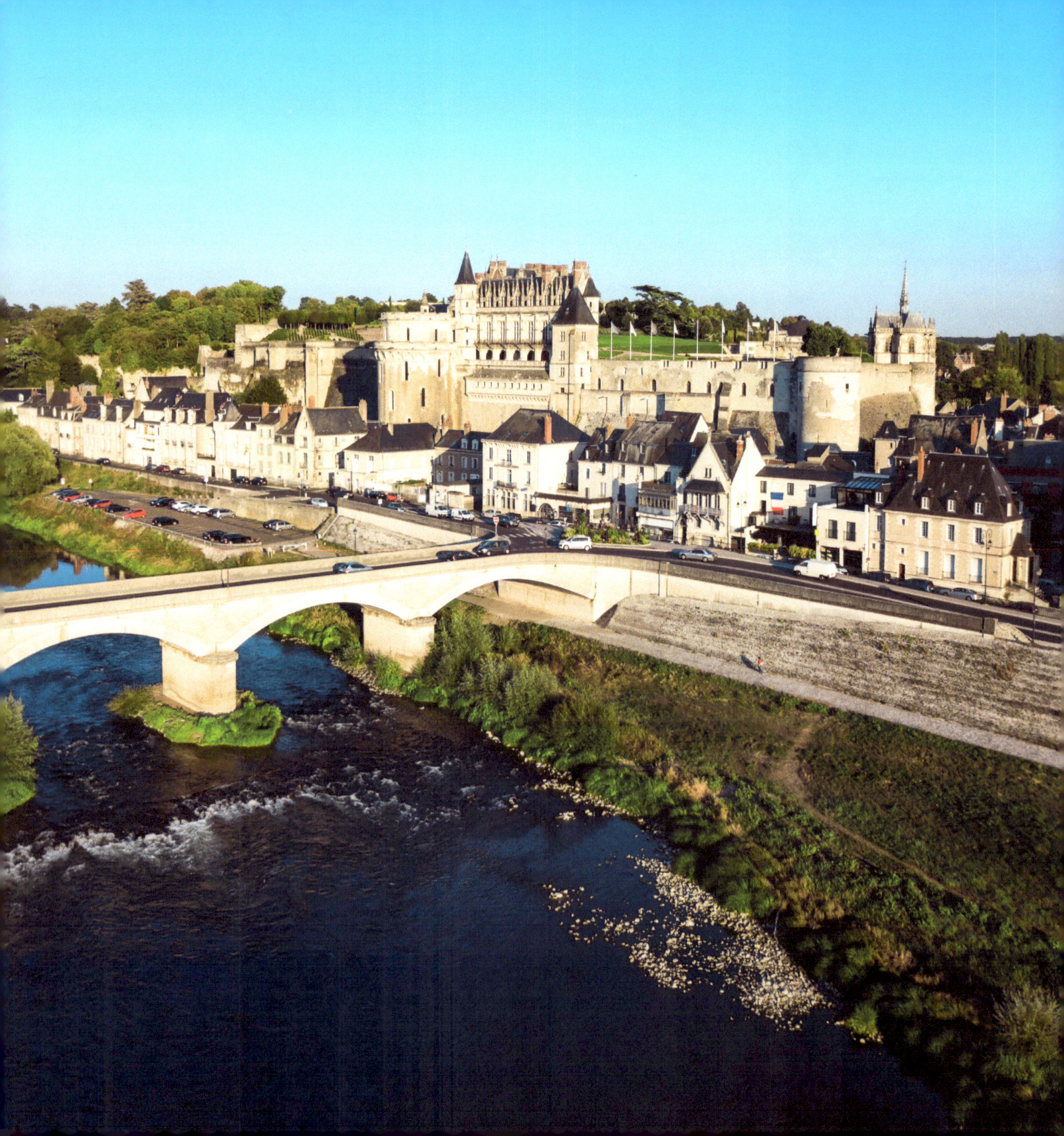

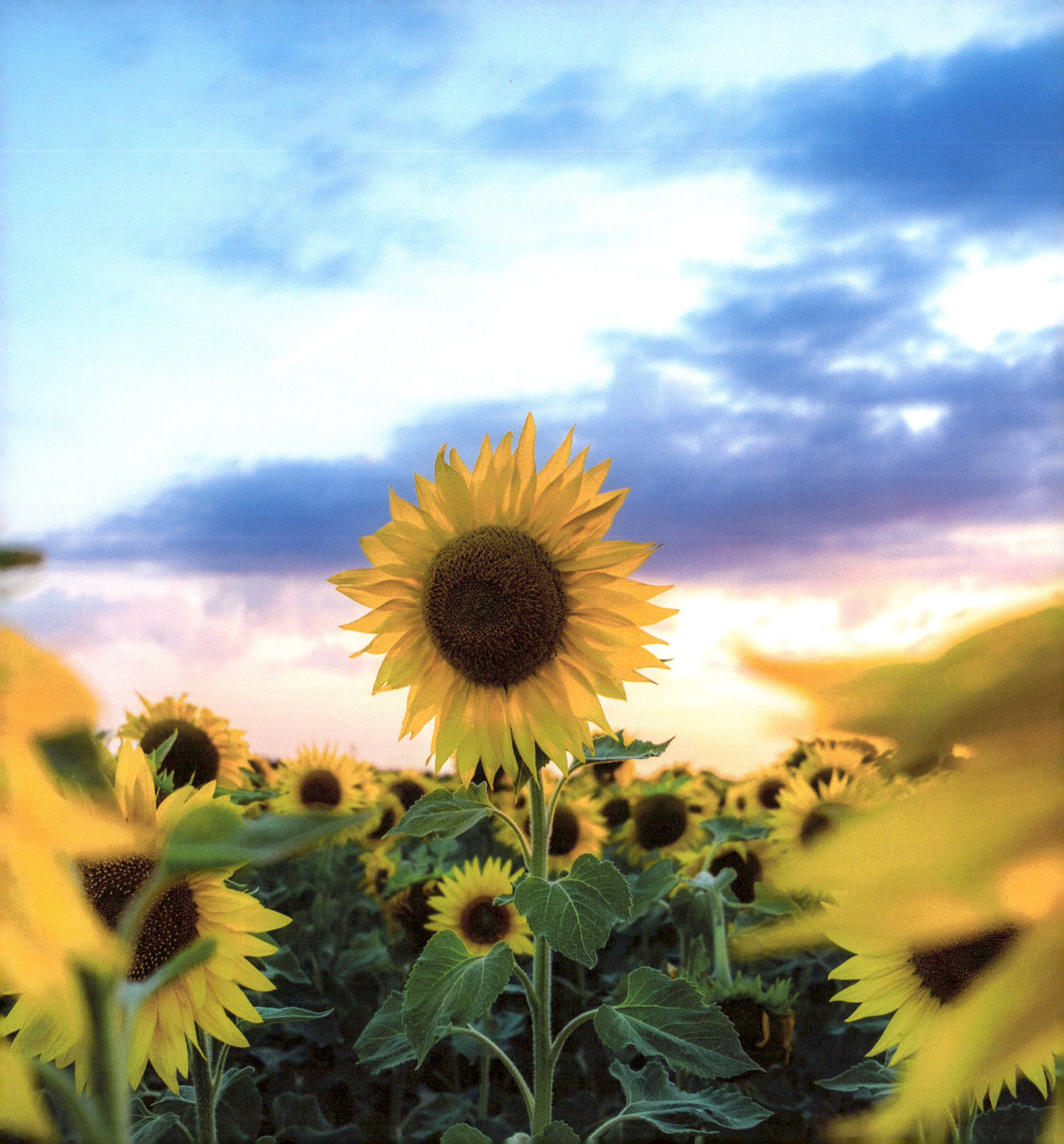

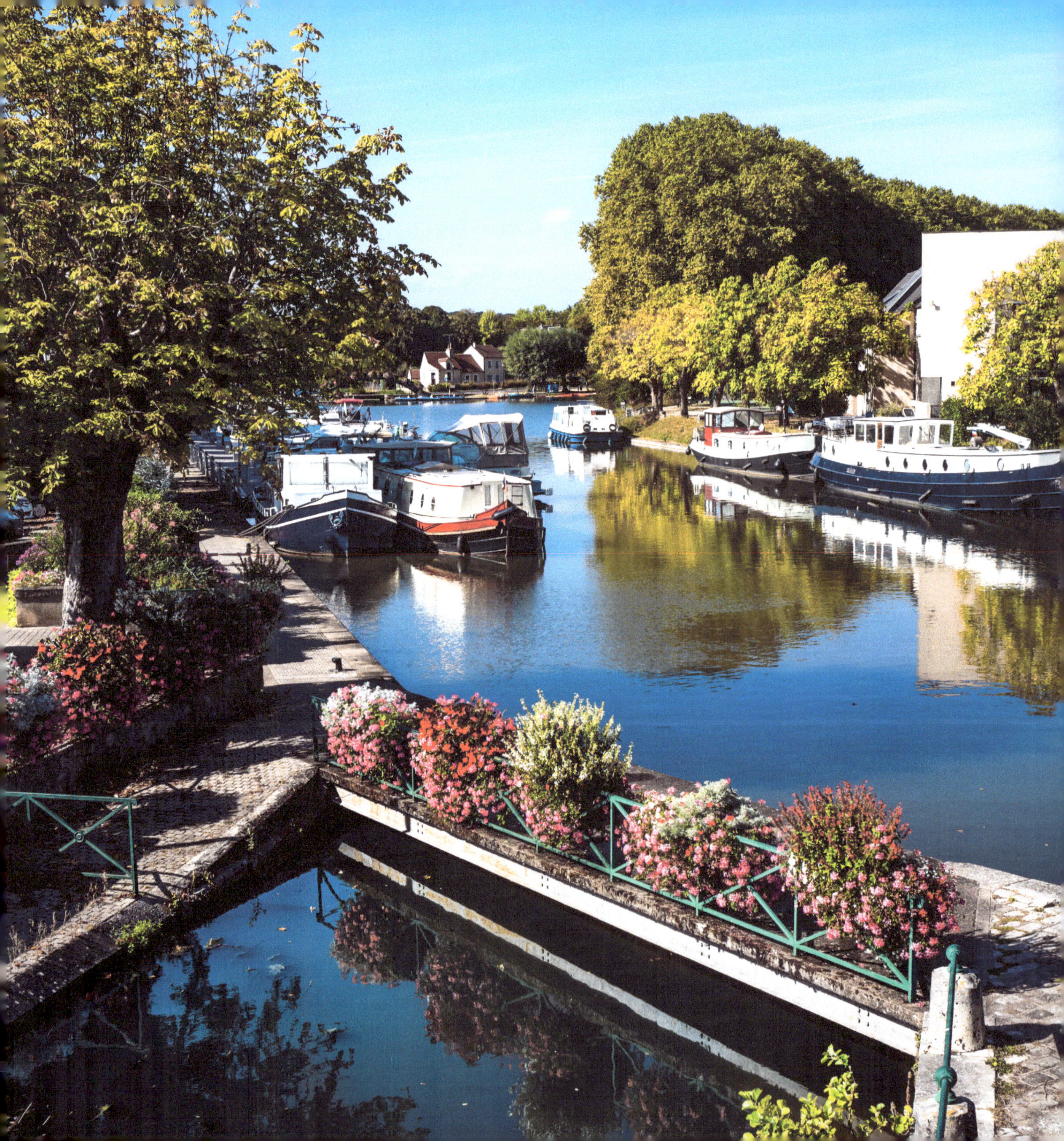

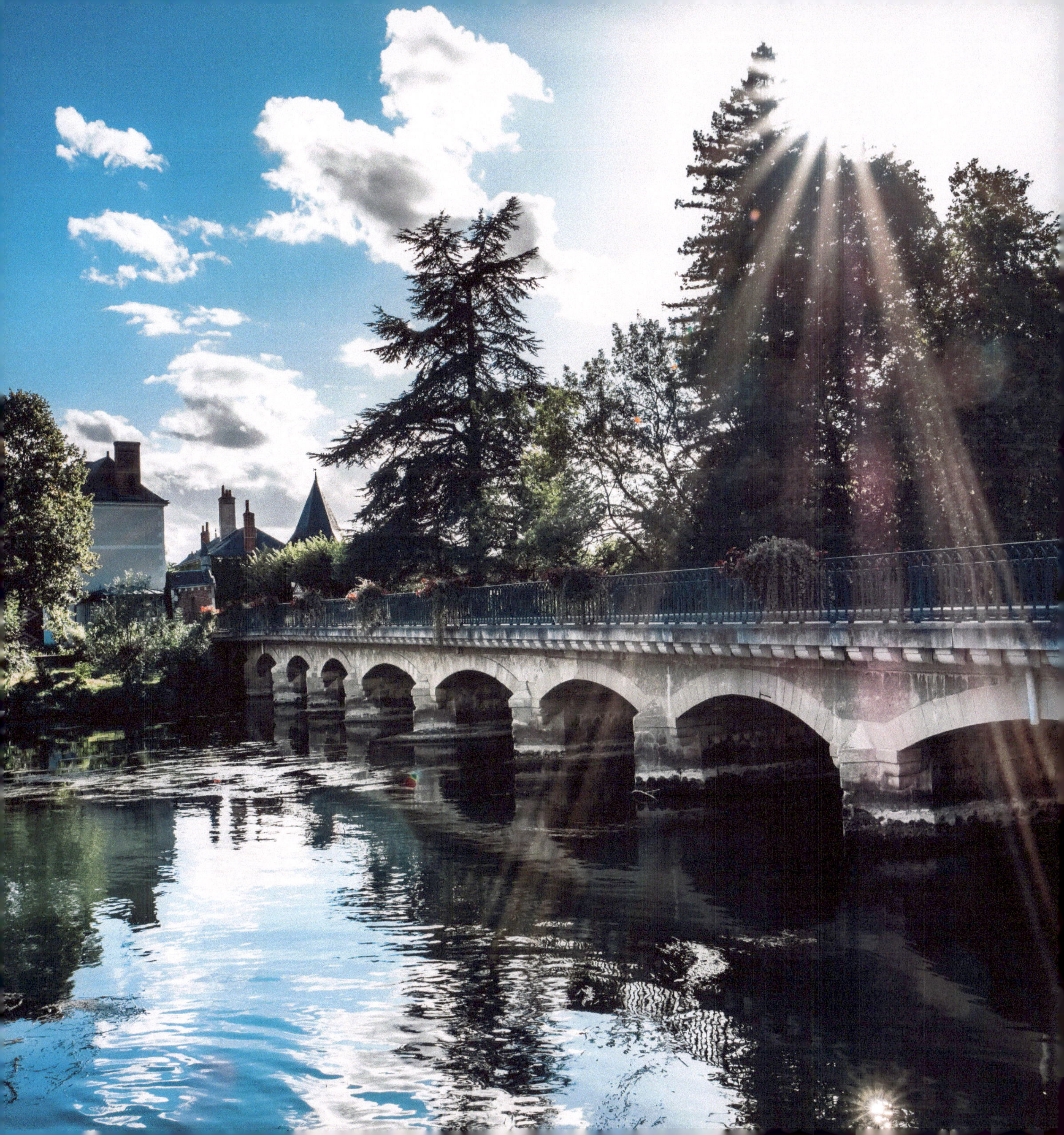

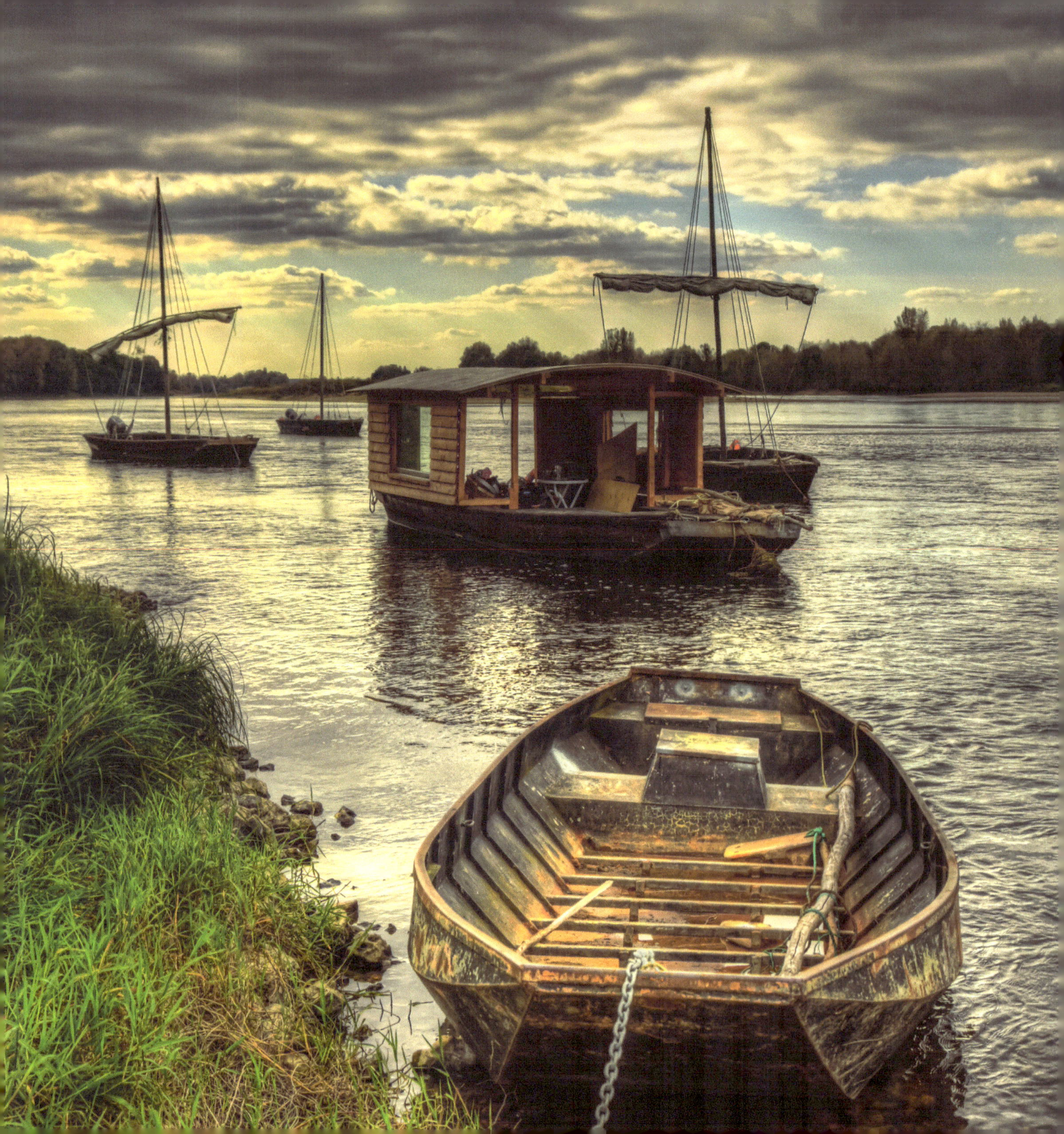

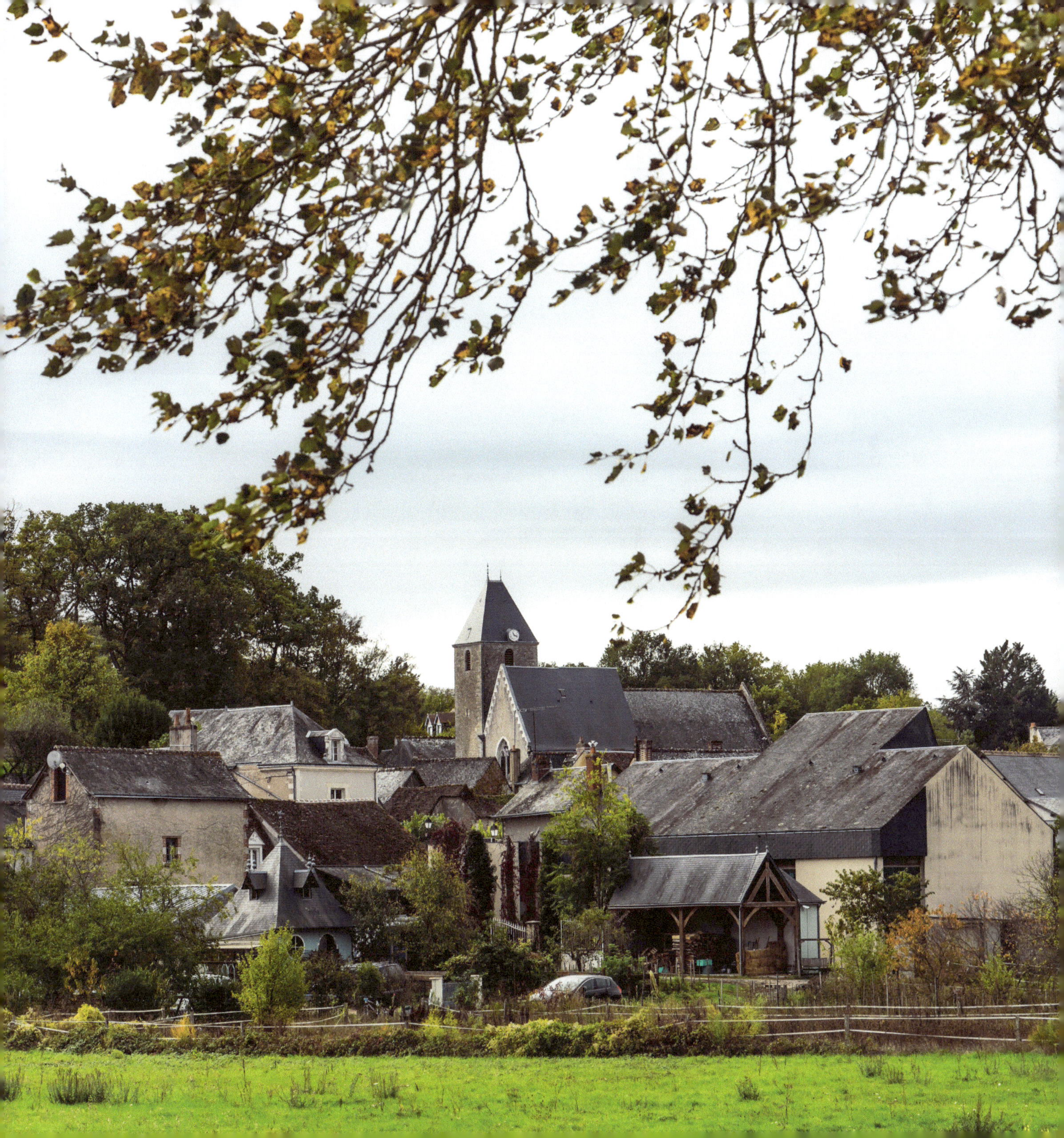

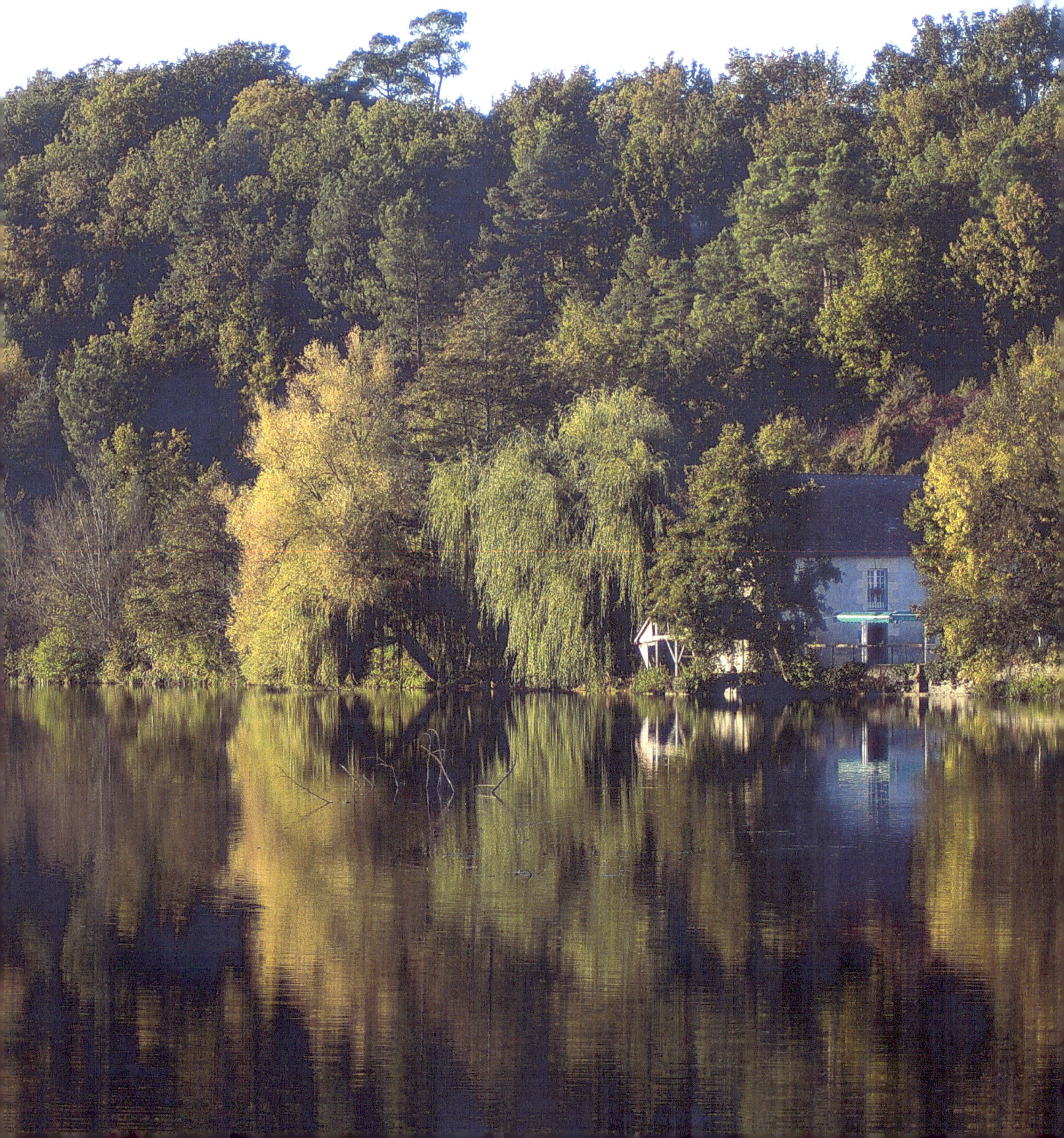

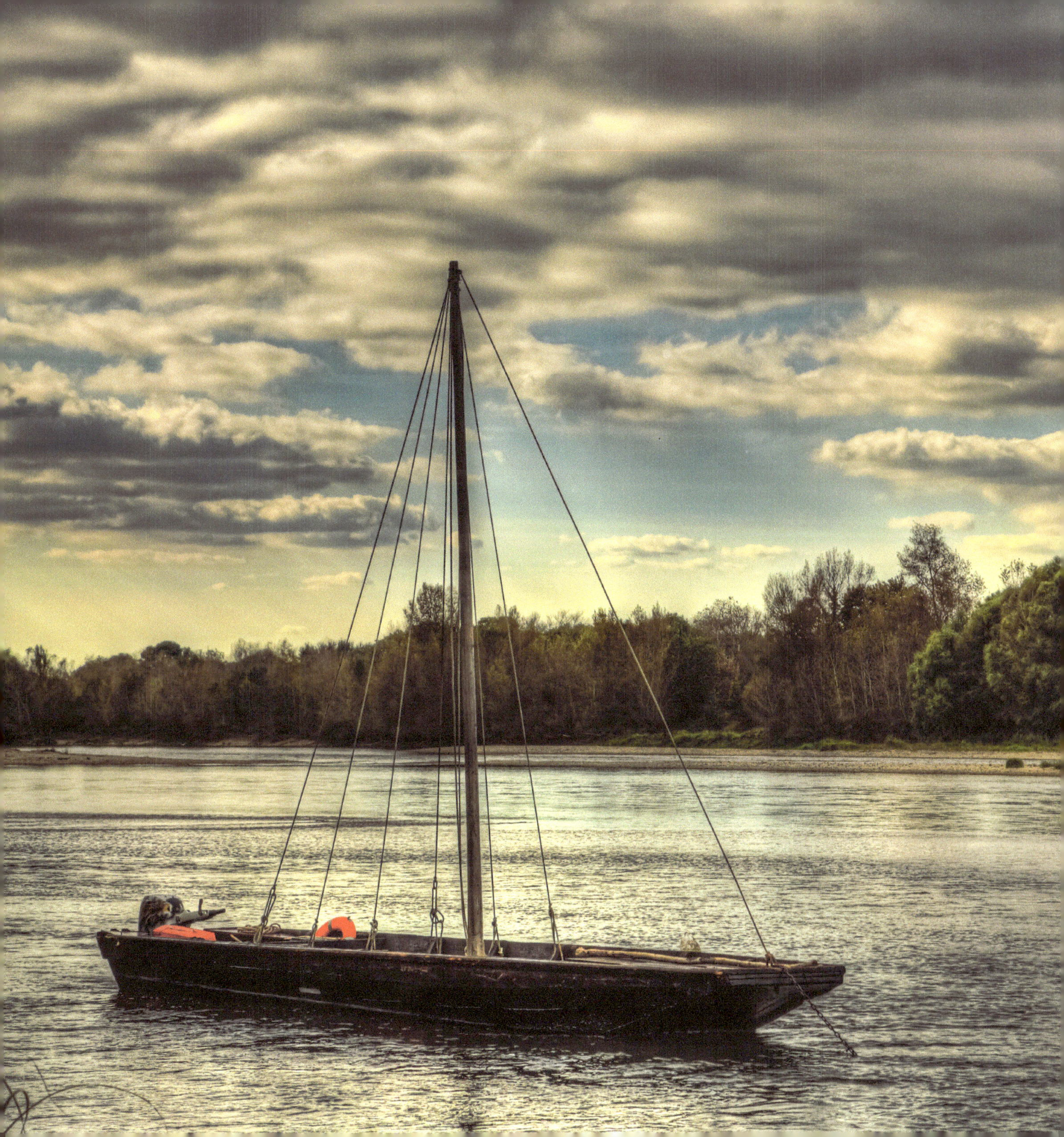

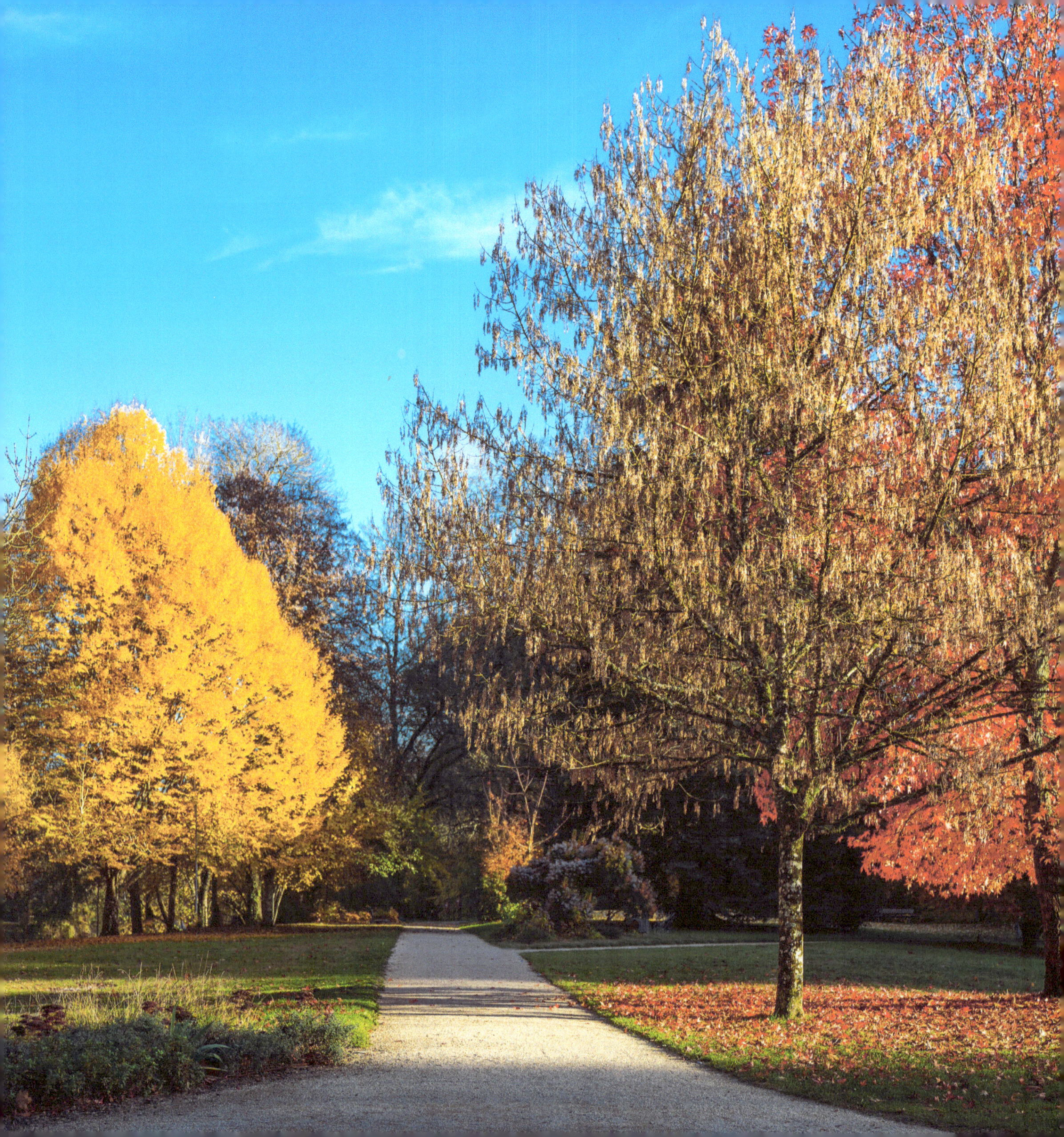

www.ingramcontent.com/pod-product-compliance
Lightning Source LLC
Chambersburg PA
CBHW040417220526
45473CB00004B/1274
* 9 7 9 8 4 2 3 2 5 9 2 0 4 *